hänssler

# Wie ein Vogel auf dem Ast

## Wunder im Leben einer Frau und Mutter

Aus Aufzeichnungen, Reisetagebüchern
und Briefen
einer baltischen Pfarrfrau

**Margarete von Holst**
*Günther von Holst (Hrsg.)*

Der Herausgeber: Günther von Holst (1930), geboren und aufgewachsen in Estland, Flucht Januar 1945. 1951–1952 Theologiestudium an der Kirchlichen Hochschule Berlin-Zehlendorf; Fulltimer der Moralischen Aufrüstung; als Dolmetscher (Dt.-Engl.) und bei Missionseinsätzen von 1952–1969. 1969–1993 Medienreferent bei Inter Nationes Bonn, seither im Ruhestand.

hänssler-Taschenbuch
Bestell-Nr. 392.865
ISBN 3-7751-2865-4


Umschlaggestaltung: Martina Stadler
Titelfoto: Günther von Holst
Satz: Vaihinger Satz & Druck
Druck und Bindung: Ebner Ulm
Printed in Germany

# Inhalt

# Ein Wort zum Geleit

Es ist mir eine Freude, das Vorwort zu diesem kleinen Buch zu schreiben. Meine Frau und ich sind Margarete von Holst und auch ihrem Ehemann Pfarrer Walter von Holst in Berlin viele Jahre hindurch oft begegnet. Es ist gut, dass in dieser Veröffentlichung etwas von dem außerordentlich aktiven, mutigen und warmherzigen Wirken von Frau von Holst weitergegeben wird. Viele, die sie kannten, werden sich über dieses Buch freuen; anderen möge das Berichtete nicht nur als Information dienen, sondern es möge auch ihren Glauben stärken.

An einer Stelle dieses Buches steht der Satz: »Ich nahm das Leben von seiner besten Seite und setzte nichts Böses voraus.« So war sie, bestimmt und geprägt durch das Evangelium, wissend, dass »denen, die Gott lieben, alle Dinge zum Besten dienen« (Röm 8,28). Aber als wie schwer zeigte sich dieser Weg auch! Durch wie viele immer wieder wechselnde Situationen führte er! Margarete von Holst lebte von der Botschaft, die ein Christenleben im tiefsten froh und die tragfähig macht. So verarbeitete sie auch das viele Leid, das ihre Augen sahen, auch jenes Leid, das sie selbst ertrug. Wie vielen Menschen aber gab sie gerade von diesen Erfahrungen her in ihrer kontaktfreudigen und mutigen Art Weghilfe, Hoffnung, Lebensperspektive, neue Kraft!

Man erreichte Margarete von Holst in der Berliner Zeit nur selten am Telefon; immer war sie unterwegs. Sie sprach in Gemeinden, vor Frauenkreisen, bei Konferenzen, nahm sich auch vieler Pfarrfrauen liebevoll begleitend an. Ich hörte bei einem Treffen, an dem sie teilnahm, den Satz: »Wenn Margarete von Holst auftaucht, dann geht die Sonne auf.« Wir sahen uns auch öfter in einem kirchlichen Arbeitskreis, in dem es um die evangelischen Christen in Russland ging. Sie galt unter uns als diejenige, die die meisten Adressen aus dem Bereich der Sowjetunion besaß. Davon erlebte ich etwas mit auf der Reise einer Touristengruppe durch Sibirien und Mittelasien, die auch im vorliegenden Buch mit erwähnt wird (»Nicht nur Freunde in Taschkent«). Margarete von Holst hatte auf dieser dreiwöchigen Reise für fast jede besuchte Stadt Sibiriens und Mittelasiens Kontaktadressen und so suchten und besuchten wir überall Christen in diesen uns so fremden, entfernten Städten, sagten Grußworte in Bibelstunden, ja trafen auch Christen aus dem kirchlichen Untergrund und beteten mit Menschen in ihrer Bedrängnis. Ein mutiger junger Dolmetscher in einer der mittelasiatischen Städte hatte uns allerdings heimlich wissen lassen, dass der KGB uns ständig auf den Fersen war. Ich erinnere mich auch, wie wir auf dieser Reise am Baikalsee auf eine dort lagernde Gruppe von Menschen stießen – offenbar handelte es sich um Arbeiter von einer Kolchose bei einem Betriebsausflug – und Margarete von Holst bezeugte ihnen tapfer Jesus Christus, und das auch noch, als einige angetrunkene Asiaten zu spotten begannen.

Margarete von Holst lebte das Evangelium. Sie bezeugte es, und das in einer Liebe und Wärme und aus einer geistlichen Erfahrung heraus, die ihr Zeugnis echt, gegründet und glaubwürdig machte.

Wie reich beschenkt Gott uns darin, dass es solche Botinnen und Zeugen des Evangeliums gibt, Menschen, die glauben, was sie sagen, und die leben, was sie glauben! Es sind Menschen Gottes, durch die der Herr selbst in seiner uns unbegreiflichen Liebe erkennbar wird.

Möge von dieser Liebe auch durch dieses Buch etwas weiterwirken.

Paul Toaspern

# Einführung

Aus eigenen Aufzeichnungen von Margarete von Holst, ihren dreizehn Reisetagebüchern und etwa 500 Briefen aus den Jahren von 1949 bis 1989 sind die folgenden kurzen Kapitel entnommen. Eine engagierte Pastorenfrau in turbulenter Zeit, so möchte man meinen, habe keine Muße. Umsiedlung, Flucht, Wohnungswechsel nach Westberlin und zurück in den Osten: sie glich einem Vogel auf schwankendem Ast. Aber diese baltische Mutter von sechs Kindern war erfüllt von lebhafter Lust und Liebe, Vergangenes und Gegenwärtiges zu deuten und zu berichten. Nicht um der Plauderei willen, sondern aus der Sicht eines Menschen, der in allen Geschehnissen die lenkende und liebende Hand Gottes erkennt, selbst beim Tode ihres zweiten – erst zwanzigjährigen – Sohnes.

So entstanden ihre Reisekladden zwischen 1969 und 1988, nachdem Margarete von Holst Witwe geworden war und in Ostberlin lebte. Sie schrieb in ratternden Eisenbahnzügen durch Polen und Russland ebenso wie in Flugzeugen zwischen Schönefeld und Moskau. Es gibt sogar einen Eintrag, den sie – sicherlich völlig ungeniert wie immer – in einer Aufführungspause des Bolschoi-Theaters niederschrieb. Ganze Stadtführungen hat sie mitgeschrieben, besonders als sie im Jahre 1969 zum ersten Mal nach genau dreißig Jahren seit Verlassen ihrer Heimat wieder in ihrem geliebten Reval, der estnischen Hauptstadt Tallinn, zu Gast war. Sie wollte ihre Kinder an allem teilnehmen lassen und sie wollte über ihre Erfahrungen in vielen Vorträgen berichten. Die Tagebücher – von soliden Schutzhüllen mit estnischer oder russischer Lederprägung geschützt – wanderten anschließend von Hand zu Hand.

So sind auch die Briefe abgefasst, aus denen hier Ausschnitte aufgenommen wurden. Erlebtes, beiläufig Beobachtetes und immer wieder Begegnungen und Gespräche mit Menschen, auf die sie zuging, fanden sich in den Briefen, die sie in kurzen Abständen den zwei Söhnen, mir und meinem ältesten Bruder Wolf-Dieter, in den Westen sandte. Stets berichtete sie uns vom Ergehen unserer drei jüngeren Schwestern, die in der DDR lebten und von ihren eigenen Reisen zu christlichen Freizeiten, Pfarrfrauen- und Müttertagungen in Rostock, Fürstenwalde, Görlitz und anderswo. Denn Telefonverbindungen zwischen Berlin-Karlshorst, wo sie wohnte, und Bonn, wo mein Bruder und ich in verschiedenen Jahren arbeiteten, waren nur mühsam herzustellen.

Die Auszüge sind geringfügig überarbeitet worden. Denn meine Mutter hat nicht geschrieben, um zu veröffentlichen, nicht einmal ihre Lebensgeschichte, die sie auf meine Anregung hin in mehreren Anläufen mit ihrer ausgeglichenen und gut lesbaren Handschrift zu Papier brachte. Die Anfangskapitel fanden sich in einem von Wolf-Dieter aus englischer Kriegsgefangenschaft mitgebrachten und noch ungenutzen ›Wartime Log‹, einem leinengebundenen dicken ›Kriegstagebuch‹, das je zur Hälfte für Texte und Fotos vorgesehen war. Margarete von Holst widmete es ›Ihrem lieben Walter zum Geburtstag 1949‹ und überklebte das englisch vorgedruckte Titelblatt mit der bezeichnenden Überschrift ›Gottes Wunder im Leben einer Mutter‹. Walter ist ihr zehn Jahre älterer Mann, der leidenschaftlich arbeitende Pastor, unser Vater, der nach der kommunistischen Machtübernahme in Estland und Livland 1918 als junger Student während der Verschleppung nach Sibirien zu einem Glauben gefunden hatte, der seine seelsorgerliche Arbeit bis zum Tode 1969 in Ostberlin segensreich geprägt hat.

Meine Eltern gehören also zu einer Generation, die den schlimmen Anfang und den grauenerregenden ›Fortschritt‹ dieses aufgewühlten Jahrhunderts erlebt und erlitten haben. Margarete von Holst starb am 4. Juli 1990, vier Tage nach der von ihr noch freudig begrüßten Währungsunion von DDR und Westdeutschland im Alter von 87 Jahren. Ihre himmelzugewandte Sicht der Ereignisse und der vielen Schicksale, denen sie begegnete, füllen die ausgewählten Abschnitte, die nur hier und da mit den nötigen Ortsangaben und Jahreszahlen oder knappen Hinweisen auf zeitgeschichtliche Zusammenhänge ergänzt wurden.

Soll ein Sohn seine Mutter schriftlich verewigen? Ja, bei solch einer Mutter von ganzem Herzen! Dennoch ist das nicht mein Anliegen. Es waren ausländische Freunde, wie der schwedische Pfarrer Bror Jonzon, der mich als DDR-Schüler frühzeitig mit der weltweiten Christenheit in Berührung brachte und die bekannten schweizerischen Mitbegründer von Caux, unsere Freunde Dr. Erich und Emmy Peyer, die mich gedrängt und ermuntert haben, das ungewöhnliche Leben einer mutigen Christin aus dem Osten für glaubenshungrige Leser an vielen Orten der Welt zu veröffentlichen.

Mein Bruder Wolf-Dieter hat das Entstehen des Manuskripts engagiert begleitet. Meine geduldige und ideenreiche Frau Sigrid hat das Briefarchiv gesichtet. Unsere Tochter Ulrike schließlich hat zahllose Korrekturen am Computer getätigt. Ihnen gilt mein herzlicher Dank. Den Lesern zur vergnüglichen und segensreichen Lektüre.

Günther von Holst, September 1997

# Frühe Prägung im Baltikum

»In vier Staatssystemen habe ich gelebt: im zaristischen Russland, im national erwachenden Estland, im nationalsozialistischen Deutschland und in der kommunistischen DDR. In keinem System habe ich mich zu Hause fühlen können.«

Margarete von Holst (1902–1990) fasst ihr Leben einmal in diesem knappen Satz zusammen. Immer befand sie sich in feindseliger Umgebung. War es in der zaristischen Provinz Estland der schon lange vor der Jahrhundertwende entstehende antideutsche Unterton des russischen Slawismus und die danach beginnenden kommunistischen Pogrome gegen den deutschen Adel im Baltikum, so war es im ersten estnischen Freistaat, der 1918 proklamiert wurde, die Enteignung der deutschen Grundbesitzer, die Abschaffung der Adelstitel und die mehr oder weniger offene Ablehnung alles Deutschen bei der estnischen Bevölkerung. Aufgrund des Geheimabkommens zwischen Hitler und Stalin, durch das das Baltikum in die sowjetische Interessensphäre fiel, wurden 1939/40 alle Baltendeutschen in das Deutsche Reich umgesiedelt, wo man sich in der antichristlichen und antikirchlichen Atmosphäre einer alles beherrschenden braunen Partei wiederfand. Nach dem Ende des II. Weltkriegs schließlich ging es – wenn auch mit entgegengesetzter Ideologie – genauso weiter. In der DDR wurden sowohl die ›Junker‹ und alle, die man diesem Begriff irgendwie zuordnen konnte, enteignet, als auch Balten deportiert und der christliche Glaube bekämpft.

Aber Margarete von Holst war ein ganz und gar unpolitischer Mensch, geprägt von der behüteten Welt eines traditionellen baltischen Pfarrhauses, in dem jedoch kosmopolitisches Denken selbstverständlich war. Ihr Vater Konrad von zur Mühlen war Propst der deutschen Lutherischen Kirche und galt sowohl im baltischen Adel als auch in der estnischen Kirche, deren Unabhängigkeit von deutscher Verwaltung er 1919 mitgestaltet hatte, als begnadete und hochgeachtete christliche Persönlichkeit. Als ein Patriarch alter Schule in Gemeinde und Familie, führte er sein Amt als Propst bis zu seinem 70. Lebensjahr, 1938.

Margaretes Mutter entstammte der kinderreichen baltischen Offiziers- und Gutsfamilie von Gernet, die sich durch ausgesprochene Bescheidenheit und Anspruchslosigkeit auszeichnete. Als junge Frau war sie Hauslehrerin bei Pastor Hahn, dem Vater des späteren baltischen Märtyrers Traugott Hahn. Nach ihrer Verlobung mit Konrad von zur Mühlen fragte sie die gelähmte Frau Hahn, die vielen Menschen eine treue und vollmächtige Seelsorgerin war, um Rat. Sie sollte Pastorenfrau werden, davor fürchtete sie sich und hielt sich dafür ungeeignet. Aber Frau Hahn tröstete sie: »Haben Sie nur Jesus lieb, dann wird sich alles andere von selbst ergeben.« Die Mutter hat diesen Satz später oft zitiert als rechten Rat zur richtigen Zeit.
In solcher Atmosphäre wuchs Margarete in Reval auf. Sie war die zweitälteste der insgesamt neun Kinder

(drei Töchter und sechs Söhne). Von ihrer Kindheit erzählt sie:

»Bei den Mahlzeiten saß das jeweils jüngste Kind, das schon bei Tisch essen durfte, neben Mutter, die nach baltischer Sitte am Kopfende der Tafel saß. Vaters Platz war übereck neben ihr. Das nächstjüngere Kind saß neben Vater. Ich weiß nicht, warum ich diesen Platz behielt. Wenn Vater etwas haben wollte, was er nicht erreichen konnte – die Tafel war lang – stieß er mich an. Dann musste ich erraten, was ich ihm reichen sollte. Das war, von Vater unbeabsichtigt, eine gute Erziehung für mich. Ich gewöhnte mich daran, Ausschau zu halten, wem ich etwas reichen sollte. Weil es bei Tisch zu laut wurde bei der großen Kinderzahl, führte Vater ein, dass jedes Kind, das etwas sagen wollte, die Hand zu heben und zu sagen hatte: ›Ich bitte ums Wort‹. Dann hieß es, ›Der und der hat das Wort‹ und durfte reden. Von der Konfirmation an, also mit 17 Jahren, brauchte man nicht mehr ums Wort zu bitten.«

Bezeichnend für das Selbstverständnis der Familie war, was man von der frommen Großmutter, genannt Amama, erzählt: »Sie brauchte nur vor ihre Haustür zu treten und auf Estnisch ›voorimees!‹ zu rufen, dann kam vom nahen Droschkenplatz gleich ein ›Fuhrmann‹ mit seiner Pferdedroschke vorgefahren. Wenn der Kutscher aber fluchte, wie es unter einfachen estnischen Menschen üblich war und ›kurat‹, das heißt Teufel, rief, dann schickte sie ihn mit den Worten zurück: ›Mit dir fahr ich nicht, du hast den Teufel gerufen.‹ Es musste ein anderer ›voorimees‹ vorfahren.«

Die Mutter war das Herz dieser typisch baltischen Familie, »der liebste Mensch, den es gab«. Margarete erzählt die bezeichnende feinsinnige Geschichte aus einem frühen Kinderjahr:

»Illa, unsere estnische Wärterin, wusch unsere Galoschen im Teich. Ich stand daneben und hatte große Angst, sie könnte hineinfallen und ertrinken. Ich liebte Illa über alles. Einmal fragte ich Mutter, ob sie das traurig machen oder ob sie mir erlauben würde, Illa mehr zu lieben als sie. Sie erlaubte es und ich hatte kein schlechtes Gewissen mehr.«

Margarete war ihr Leben lang von einer fast kindlich unbekümmerten und erfrischenden Nüchternheit. Sicherlich hat dazu die asketische Natur ihres künstlerisch begabten und mitunter humorvollen Vaters beigetragen. Schon ganz früh zeichnet sich dieser Charakterzug in einer kleinen Begebenheit ab.

»Vor dem Abendessen durften wir Kinder zu Mutter ins Wohnzimmer, während Illa das Kinderzimmer aufräumte und lüftete. Dann saßen wir um Mutter herum und sie zeigte uns Bilder und las uns vor. Ein großes Fabelbuch mit bunten Bildern war besonders beliebt. Die Fabel wurde vorgelesen und das Bild sehr eingehend besehen und besprochen. Die nächste Seite war mit kleinen Radierungen und Versen versehen. Die konnten wir uns auch ansehen. Aber dann war Schluss. Weiter blättern durften wir nicht. Das nächste große Bild kam erst am nächsten Tage dran. So warteten wir mit Spannung auf die nächste Fabel.

Aus einem anderen kleinen Buch las Mutter uns Märchen

vor. Am Ende hieß es da: ›Und wenn sie nicht gestorben sind, dann leben sie noch heute.‹ Ich wollte nicht glauben, dass etwas so Dummes in einem Buch stehen sollte. Mutter lacht und bleibt dabei. Zu schade, dass ich noch nicht lesen kann. Geh zu Vater und frag ihn, sagt Mutter. Ich nehme das Buch. Um zu Vaters Studierstube zu gelangen, muss ich durch das dunkle Vorzimmer und das finstre Esszimmer gehen. An der Wand hängt das Telefon, ein großer brauner Holzkasten mit einer Kurbel dran. Wie zwei funkelnde Augen blitzen die silbernen Knöpfe – oder sind es die runden Telefonglocken – mir entgegen. Ich habe Angst. Aber neben dem Telefon schimmert durch die Türritze Licht aus Vaters Zimmer. Ich nehme allen Mut zusammen und renne auf die Tür zu. Aufatmend steh ich neben Vaters Schreibtisch und halt ihm das Buch hin. Er soll mir den letzten Satz aus dem Märchen vorlesen. Und wahrhaftig, da steht: ›Und wenn sie nicht gestorben sind, so leben sie noch heute.‹ Es ist kaum zu glauben. So was in einem Buch zu schreiben!

Viel lieber hatte ich es, wenn Mutter uns biblische Geschichten erzählte. In der Weihnachts- und Passionszeit hängte sie dazu große farbige auf Stoff aufgezogene Bilder mit der Darstellung des jeweiligen Geschehens ins Kinderzimmer und erläuterte sie. Jedes Bild blieb eine Woche lang hängen, bis es durch die folgende Geschichte ersetzt wurde.«

Wie sich später herausgestellt hat, konnten weder Mangel noch strenge Erziehung einen gewissen Hang zum Schabernack bei ihr austreiben. Noch während ihrer Schulzeit ereignete sich Folgendes:

»Eines Morgens nahm ich Werner, den kleinen Bruder, mit in die Schule. Er muss drei oder vier Jahre alt gewesen sein. Ich weiß nicht, ob keiner da war, ihn zu hüten oder ob ich es nur so zum Spaß tat. Die Klasse freute sich natürlich. Ich setzte ihn vor Beginn der Stunde unter mein Pult. Damit er sich nicht bemerkbar machte, schoben ihm die anderen Mädchen ihre Butterbrote zu und er konnte sich tüchtig satt essen. Die russische Lehrerin war sehr gutmütig. Sie merkte sicher eine gewisse Unruhe der Klasse, ging mal durch den Gang an meinem Platz vorbei – aber entweder hat sie wirklich nichts gemerkt oder sie tat nur so – und wir freuten uns. In der großen Pause brachte ich Werner wieder nach Hause.«

# Der Schokoladenhund

Bei einem Familientag 1988 in Königswinter wurden die Teilnehmer zu einer kleinen abschließenden Andacht zusammengerufen. Nicht allen war darüber Begeisterung anzumerken. Aber die Seniorin Margarete von Holst wollte nur etwas erzählen. Das verlockte denn doch. Ihre Geschichten und ihr lebhafter Erzählstil waren immer hörenswert. Die nachfolgende kleine Andacht war eine Überraschung. Sie wurde zu ihrem Markenzeichen. Oft erzählte sie sie ihren Zuhörern in Ost und West, wenn sie eingeladen wurde, Andachten oder Lichtbildvorträge in Gemeinden zu halten.

»Als ich noch ein kleines Mädchen war, eins aus einer großen Kinderschar unseres Pfarrhauses, nahm mich mein Vater eines Tages mit auf einen Gang in die Stadt. Voller Freude hüpfte ich neben ihm her durch die engen Straßen unserer alten Hansestadt Reval. Er hatte hier und da etwas zu besorgen und zuletzt landeten wir im berühmten Konditorladen Stude. Der Inhaber war Kirchenältester in der Nikolaikirchengemeinde, wo mein Vater Pastor war. Es gab irgendetwas Amtliches zu besprechen.

Während des Gesprächs guckte ich mich im Laden um, bewunderte die Marzipantörtchen und das Schokoladenkonfekt in den Glasvitrinen, sah den Gästen zu, die an kleinen Marmortischen saßen und Kaffee tranken, und freute mich an der großen Spiegelwand, die den Eindruck vermittelte, als wäre der Raum doppelt so groß, als er in

Wirklichkeit war. Dann war das Gespräch beendet und wir wollten gehen. Der Konditor schenkte mir zum Abschied ein Schokoladenhündchen. Ich wurde feuerrot vor Überraschung und Freude. Welch ein kostbares Geschenk! Das Hündchen trug ein grünes Band um den Hals und war aus reiner Schokolade. Behutsam trug ich den Schatz nach Hause und stellte ihn in meinen Spielzeugschrank im Kinderzimmer.

Als ich am nächsten Morgen aufwachte, überkam mich eine große Freude. Zuerst wusste ich nicht, woher die Freude kam, bis mir auf einmal der Schokoladenhund einfiel. Hatte ich nur geträumt? Ich öffnete den Schrank. – Da saß das Hündchen! Seither muss ich oft an diesen Hund denken, wenn ich am Morgen aufwache. Dann überlege ich, was für ein ›Schokoladenhund‹ mich wohl am heutigen Tage erwarten würde. Und eigentlich gibt es fast an jedem Tage etwas, worauf man sich freuen kann. Vielleicht ist es nur etwas Kleines: ein Brief, der ankommen müsste, der Sonnenschein draußen, der bevorstehende Urlaub oder ein lieber Gast, den man erwartet oder was immer es sei: Die Welt ist voller ›Schokoladenhunde‹, wenn wir nur die Augen aufmachen, um sie zu erkennen.«

## Vater wird nach Sibirien verbannt

Über Politik wurde im Elternhause nicht gesprochen, schon gar nicht, wenn ›Trowna‹ dabei war, die im Hause lebende Russischlehrerin Glafira Patrowna aus Moskau. Margarete erinnert sich an ihre aufregende Kinderzeit:

»Deutschland war weit, wir gehörten zu Russland. Als der Erste Weltkrieg ausbrach, waren wir für die Sommerferien nach Marienhof gezogen, in ein leerstehendes Nebengut. Es war ein sehr heißer, trockener Sommer. Die Sonne ging abends wie ein roter Ball unter. Am Horizont sah es grau aus, es roch nach Rauch. Man sagte, es gäbe Waldbrände. Und eines Tages hörten wir: Krieg zwischen Russland und Deutschland. Wir gehörten zum russischen Zarenreich, aber wir waren Deutsche. Bisher war das uns Kindern gar nicht so sehr bewusst geworden. Mit den Eltern und untereinander sprachen wir deutsch, mit Illa, unserem Kindermädchen und der Köchin estnisch und mit Trowna russisch. Aber jetzt waren Deutschland und Russland verfeindete Staaten. Wir merkten, dass die Eltern auf der Seite von Deutschland standen. Wahrscheinlich haben wir danach gefragt. Auf einmal drehte sich gleichsam alles um. Ich konnte doch unmöglich auf einer anderen Seite stehen als Vater und Mutter. Und schon wechselte ich für mich die Stellung. Für ein elfjähriges Kind war das nicht schwer. Anke, meine ältere Schwester, war konsequenter. Sie blieb, wo und wie sie war. Ich weiß nicht, wie lange.«

Im Sommer 1915 hatte der Vater die Kinderschar

kaum ins Ferienhaus am Ostseestrand gebracht, als er, nach Reval zurückgekehrt, eine Vorladung zur Polizei erhielt. Er wurde nach Sibirien ausgewiesen. Sein Vergehen bestand darin, dass er, wie viele Pastoren, Ärzte und andere, für die deutschen Kriegsgefangenen warme Kleidung, Geld und Zigaretten nach Sibirien geschickt hatte. Dankesbriefe der Soldaten waren in die Hände der zaristischen Polizei gefallen. Den Ausgewiesenen wurde ein Zielort genannt. Die Reise mussten sie selbst bezahlen. In Jenisseisk mieteten sie sich Wohnungen. Sie konnten sich dort frei bewegen, hatten sich aber wöchentlich bei der Polizei zu melden. Margarete beschreibt die Lage zu Hause.

»Mutter war sehr tapfer. Nie haben wir sie klagen oder gar weinen gesehen. Ein Liedvers war ihr in dieser Zeit eine große Hilfe:

*Wenn die Stunden sich gefunden,*
*bricht die Hilf mit Macht herein,*
*und dein Grämen zu beschämen,*
*wird es unversehens sein.* *)

Aber es dauerte. Alles wurde allmählich immer knapper. Abends wurden die Petroleumlampen angezündet, aber auch das Petroleum wurde knapp. Wenn wir unsere Schularbeiten machten, saßen wir alle um den Speisezimmertisch. Zwei oder drei kleine Tranfunzeln gaben ein schwaches Licht. Der eine lernte laut, dem anderen erklärte Trowna etwas – wir durften uns von alledem nicht stören

*) Aus dem Liede ›Gott will's machen‹ von Johann Daniel Herrnschmidt, 1675 – 1723

lassen. Ich lernte, mich so zu konzentrieren, dass ich mich durch nichts stören ließ. Das war eine gute Übung fürs Leben.
Es muss Anfang 1917 gewesen sein – die Verbannung Vaters dauerte nun schon anderthalb Jahre –, da beschloss Mutter nach Rücksprache mit Vaters Brüdern, zu ihm nach Sibirien zu reisen. Es war auch die Rede davon, dass Anke und ich eventuell mitfahren sollten. Aber die Weltlage war so unsicher, dass die Onkel zu unserem Leidwesen davon abrieten. Und so fuhr Mutter allein nach Jenisseisk. Mir tut es noch heute Leid, dass wir zurückbleiben mussten«, schrieb Margarete fünfzig Jahre später.

»Mutters Schwester, Tante Lisbeth, zog zu uns und hütete neben Illa und Trowna die Kinder. Ich weiß nicht mehr genau, wie lange Mutter weg war. Jedenfalls brach in Russland die Revolution aus. Nach damaligen Erzählungen war in den Polizeirevieren so große Unordnung, dass die Ausgewiesenen sich ihre Pässe holen und Jenisseisk verlassen konnten. Nach Hause konnten sie zwar nicht zurückkehren. Aber die Eltern bezogen 300 km südlich, in Atschinsk, eine kleine Wohnung und blieben erst mal dort.

Auch in Reval gärte es. Eines Tages hörten wir Geschrei und Lärm auf den Straßen. Anke und ich schlichen aus dem Haus, um zu sehen, was los war. Auf dem Rathausplatz wogte eine Menschenmenge aufgeregt durcheinander. Dazwischen hielt ein Lastwagen. Männer standen darauf und verteilten Flugblätter. Da wir nah dabeistanden, drückte uns ein Mann einen Stoß Blätter in die Hand, wir sollten sie verteilen. Das fanden wir sehr interessant und aufregend. Aber wir blieben nicht lange auf den Straßen, die arme Tante Lisbeth hätte sich zu sehr aufgeregt. Dass es bolschewistische Flugblätter waren, wussten wir damals natürlich nicht.«

Im März 1917 dankte der Zar ab. Die Eltern kehrten aus Sibirien zurück.

## Revolution und erneute Verhaftung

> In ihren Erinnerungen, die sie während einer Rehabilitationskur im Westen niederschrieb – sie hatte sich in Ostberlin einen schweren Knochenbruch zugezogen und konnte, durch Freundesspenden finanziert, vier Wochen lang ein Kurhaus in der Eifel in Anspruch nehmen – brachte sie zu Papier, was sie in der DDR keinesfalls aufzuschreiben wagte: die kommunistischen Umtriebe in Reval und die Folgen für ihr Elternhaus.

»Die Revolution war ausgebrochen. Im Hafen von St. Petersburg, dem damaligen Petrograd, wird noch heute der Kreuzer ›Aurora‹ gezeigt, auf dem der erste Schuss im Oktober 1917 fiel. Er war das Signal für die Russische Revolution.

Schreckensnachrichten erreichten die Deutschen in Reval. Ein aufrührerisches und bedrohliches Wort ging bei den Esten um: ›Möisad pölevad, saksad surevad‹ -, ›Die Güter brennen, die Deutschen sterben‹. In der Kleinstadt Wesenberg war der Pastor verhaftet worden, mit ihm eine wahllose Gruppe von achtzig Gemeindegliedern, darunter mehrere deutsche Frauen und Mädchen. Sie wurden aus der Stadt hinaus in ein Wäldchen geführt. Dort mussten sie eine große Grube ausheben und sich an den Rand stellen. Der 40-jährige Pastor rief der Gruppe Bibelworte zu und stimmte das Lied an ›Lass mich gehen, dass ich Jesus möchte sehen‹. Dann wurden sie alle reihenweise erschossen. In Dorpat wurde der Theologe Prof. Traugott Hahn und mit ihm viele andere ermordet.

In der Hauptstadt Reval war es noch verhältnismäßig ruhig. Aber an einem Sonntagmorgen, es war der 10. Februar 1918, klingelte es plötzlich an der Haustür von Pastor Konrad von zur Mühlen. Mehrere Männer mit Flinten und roten Armbinden drangen in die Wohnung ein. Es war noch früh, im Kinderzimmer schliefen die drei kleineren Geschwister in ihren Bettchen. Einer der Männer beugte sich über das Bett des Jüngsten. Schließlich folgte er seinem Festnahmebefehl. Der Pastor der Nikolaikirchengemeinde und seine Frau waren zu verhaften. Die Eltern waren gerade dabei, sich anzuziehen. Die Männer stießen durch die Tür ins Schlafzimmer und holten sie heraus. Sie wurden abgeführt. Die älteren vier Kinder standen fassungslos daneben.

Anke und ich liefen sofort zum Amtsbruder des Vaters, Pastor Undritz. Er müsse an Vaters Stelle den Gottesdienst übernehmen. Dann beschlossen wir zu erkunden, wohin man die Eltern gebracht hatte. Bald bekamen wir heraus, dass unsere Eltern nicht die einzigen Verhafteten waren. Der baltische Adel war Ziel einer ganzen Aktion. Alle Frauen hatte man ins große Kino hinter der Strandpforte gebracht, die Männer in einen Hafenspeicher, den sogenannten Elevator.

Wir packten einige Essvorräte in ein Körbchen und machten uns auf den Weg zum Kino. Eine aufgehetzte grölende Menschenmenge füllte die Straße vor der Freitreppe des Gebäudes. Sie schrien: Schlagt sie tot! Nieder mit den Deutschen! Wir stiegen mit klopfendem Herzen die Stufen hinauf und pochten an die Tür. Nichts regte sich. Ein eisiger Wind fegte durch die Szene. Schließlich meinte ich, es

habe doch keinen Sinn, hier zu warten. ›Wollen wir lieber schnell nach Hause gehen.‹ Anke, die ältere, blieb fest: ›Wenn wir schon hier sind, bleiben wir auch.‹
Endlich, nach vielmaligem Klopfen, öffnete sich die Kinotür. Ein Mann mit roter Armbinde schaute heraus. In barschem Ton fuhr er uns auf Estnisch an, was wir wollten und wer wir überhaupt seien. Wir nannten unseren Namen und erklärten, dass unsere Mutter im Kino gefangen sei und dass wir ihr etwas zu essen mitgebracht hätten. Er sagte, ›Wartet!‹ und schloss die Tür. Ich glaube, es war der gleiche Rotgardist, der morgens die Eltern verhaftet und mit etwas mitleidigem Blick die schlafenden Kinder gesehen hatte.

Im Kinosaal wurde der Name unserer Mutter aufgerufen. Die Frauen, die dort warteten, nahmen an, sie sei die Erste, die nun erschossen würde. Sie verabschiedeten sich und schauten ihr entsetzt nach. Sie folgte dem Mann und wurde zur Eingangstür geführt. Als er die Tür öffnete, sagte er: ›Da habt ihr eure Mutter. Ihr könnt sie mit nach Hause nehmen.‹ Welche Freude! Und welche gewaltige Erleichterung für Vater, als er erfuhr, dass Mutter wieder zu Hause war. Wir waren damals erst acht Geschwister.

Die Frauen im Kino mussten von ihren Angehörigen mit Decken und Lebensmitteln versorgt werden. Drei Wochen lang wurden sie festgehalten. Dann durften sie nach Hause gehen. Auch den 300 Männern, die im Elevator um ihr Schicksal bangten, durften Angehörige Decken, Matratzen und das Essen bringen. Sie waren aus allen Landesteilen Estlands und vor allem von den Gütern hier zusammengefasst worden – lauter adelige Herren, auch Studenten aus Dorpat und Pernau. Walter v. Holst und sein Bruder Ernst gehörten dazu. Vater war der einzige Pastor.

Eine Leiter führte auf eine zweite Etage zum großen Speicherraum. Er war dunkel. Fenster und Luken gab es nicht. Hier lagerten die 207 Männer. Sie teilten den Raum in Reviere auf. Jedes Revier erhielt einen Vorsteher. Aus ihren Reihen wählten sie einen Obervorsteher. Die Wahl fiel auf Mutters Bruder Adam von Gernet, einen früheren Marineoffizier der zaristischen Flotte. Jeden Morgen hielt Vater eine Andacht. Am Fuße der Leiter durften die Frauen und Kinder mit ihren gefangenen Männern oder Vätern sprechen. Wir gingen jeden Tag zum Elevator, um Vater das Essen zu bringen. Hinauf in den Speicher durften wir nicht, aber Vater erschien oben an der Treppe und wir winkten uns zu.

Eines Nachts feierten die russischen Matrosen ein Fest auf ihrem Schiff. Alle waren stockbetrunken. Zwischen ihnen und den örtlichen estnischen Bolschewiken hatte es Krach gegeben. Erstere wollten die Deutschen auf ein Kriegsschiff bringen und es versenken. In dieser Nacht nutzten die estnischen Revolutionäre ihre Gelegenheit. Sie führten die Gefangenen mit ihren Koffern und Bündeln leise aus dem Hafen in die Stadt und brachten sie in die Turnhalle der Domschule, die am Fuße des Dombergs lag.

Am Morgen entdeckten die Matrosen den Raub – die vermeintliche Flucht – und machten sich auf, um die Turnhalle zu stürmen. Im Laufschritt und mit aufgepflanzten Bajonetten näherten sie sich dem Sammelpunkt der Deutschen. Hass war ihnen in die Gesichter geschrieben. Vater berichtete später in einem Büchlein die dramatischen Augenblicke, die nun folgten: »‹Auf den Platz!‹ Gernet ruft es in den Saal hinein. Nun betraten die Ersten das Haus. Die estnischen roten Gardisten waren verschwunden. Der Anführer der Russen, ein jüngerer Matrose, stutzte, als er die große Schar in voller Ruhe, jeden bei seinem Gepäck, sitzen sah. Eine plötzliche Wandlung scheint in ihm vorzugehen, er wendet sich zu den nachfolgenden Matrosen mit den Worten ›nichts von alledem‹. Dann, nach kurzer Pause, ruft er uns zu: ›Guten Tag, Kameraden!‹ – wie wunderbar. In diesem Augenblick hat jeder von uns die Nähe der schirmenden Hand Gottes gespürt.«

Es gab weiteres Hin und Her zwischen den roten Rivalen. Eines Abends wurden die Gefangenen aus der Turnhalle zum Bahnhof geführt. Hier stand ein Güterzug mit sogenannten Viehwagen bereit. In der Mitte des Waggons ein kleiner eiserner Ofen und rundherum an den Wänden Pritschen. Los ging die Reise mit je 25 Deutschen in jedem Waggon in Richtung Osten. Wir dachten, über Petersburg würden sie nicht hinauskommen – da würden sie zurückgeschickt. Dann hörten wir, sie hätten Moskau passiert, es ging hinein in den sibirischen Winter. Walters Pelz« – hier erinnert sie sich an den Studenten Walter von Holst, der später ihr Mann werden sollte – »war eines Nachts an der vereisten Wand so festgefroren, dass andere ihm helfen mussten, loszukommen.

Baron von T., der wie manche deutsche Adelige Offizier des Zaren gewesen war, ärgerte sich über den rüden Ton der Begleitmannschaft und gab eine scharfe Antwort. Dafür sollte er erschossen werden. Ein Rotgardist zog ihm den Pelzmantel aus und stellte ihn an die Tür. Während dieser zurückging und sein Gewehr holte, sprang Baron T. aus dem fahrenden Zug in den tiefen Schnee. Der Zug rollte weiter. Macht nichts, hieß es, der kommt ohnehin um. Endlos zog sich der Schienenstrang durch die baumlose sibirische Weite. Stationen lagen hier weit voneinander entfernt. Ohne Pelz bei 20 Grad Kälte fing T. an, auf den Schienen zu laufen. Mit einem Mal – ein Bahnwärterhäuschen. Als Baron von T. an die Tür klopfte und öffnete, sprang der Bahnwärter auf und salutierte. Er hatte seinen ehemaligen Regimentskommandeur wieder erkannt. Nun nahm er seinen Gast bei sich auf. Es gelang dem Bahnwärter, ihn in einen Zug in Richtung Westen zu setzen. So kam Baron T. als Erster wieder nach Hause. Er brachte die neuesten Nachrichten vom bisherigen Ergehen der Verschleppten mit.

Mehrere Wochen war der traurige Zug unterwegs, bis er in Krasnojarsk ankam. Die Deutschen wurden ins Gefängnis geführt. Im Waggon hatte Vater täglich eine Andacht gehalten. Im Gefängnis durfte er von Zelle zu Zelle gehen und – begleitet von einem Männerchor aus singenden Häftlingen, einer Schar von Jüngeren, zumeist Studenten – auch hier Andachten und mit etwas Tee und Brotkrumen das Abendmahl halten. Die Kost war mager. Die knappen Rationen bestanden aus Wassersuppe mit einigen Kohlblättern und Fischköpfen. Morgens und abends gab es etwas Brot und Tee. Sie hungerten alle. Als Vater am 25. Februar seinen 50. Geburtstag feierte, hatten die Zelleninsassen ihm eine Scheibe trockenes Brot zusammengespart. Nie hat er sich so sehr über ein Geburtstagsgeschenk gefreut. Um die Zeit zu vertreiben, wurden Vorträge gehalten, jeder steuerte aus der Erinnerung etwas aus seinem Wissensgebiet bei. Auch wurde Schach gespielt.

Inzwischen war am 24. Februar 1918 die unabhängige Republik Estland ausgerufen worden. Deutsche Truppen hatten auch Estland eingenommen. Eine große Erleichterung für die Baltendeutschen. Im Lande kehrte wieder Ruhe ein. Vom Turm des ›Langen Hermann‹ wehte die schwarz-weiß-rote Fahne. Nur die Sorge um die Gefangenen in Sibirien blieb. Und dann am 3. März wurde zwischen dem Deutschen Reich und Russland der Friede von Brest-Litowsk geschlossen. Eine Klausel des Vertrages betraf die deutsch-baltischen Gefangenen. Aber die Freilassung hing vom Wohlwollen und der Anerkennung des Friedensvertrages durch den jeweiligen Sowjet der sibirischen Provinzen ab. Endlich, am 27. März, in der 7. Woche im Gefängnis von Krasnojarsk, hieß es: ›Ihr seid frei, ihr dürft nach Hause.‹ Vater versammelte die Männer im Korridor und laut erscholl das Lied ›Nun danket alle Gott‹. Eine drei Wochen lange mühselige Reise stand ihnen bevor. So sehr sie gehungert hatten und das schwere Leben in der Ungewissheit sie gequält hatte, sie waren alle bis auf drei gesund geblieben. Dann ging es der Heimat zu.

In Reval hieß es eines Tages: ›Sie kommen!‹ Am 21. April wurde der Bahnhof mit Girlanden geschmückt. Alle Angehörigen und ein großer Teil der Kirchengemeinde versammelten sich auf dem Vorplatz. Der kommandierende deutsche General und eine Militärkapelle erschienen. Und dann rollte der karge Güterzug ein. Bärtig, grau und schmutzig entstiegen ihm die Männer, die – noch enger zusammengepfercht als auf der Fortreise – wochenlang zusammengekauert waren. Eine große Freude lag über dieser seltsamen Begrüßungsstunde. Jeder suchte seinen Vater oder Mann oder Sohn, es gab ein großes Begrüßen. Aber bevor sie alle nach Hause gingen, versammelte Vater seine Männer nochmals zu einem Abschiedswort um sich. Er hielt eine kurze Dankandacht. Sie waren aus der Ungewissheit gerettet und wieder in der Heimat und die baltisch-russische Heimat in deutscher Hand – nichts konnte damals schöner sein als das. Die Musikkapelle intonierte ›Nun danket alle Gott‹. Mächtig scholl der Gesang über den Platz. Einer meiner jüngeren Brüder hatte den Vater noch nicht gefunden. Da entdeckte er ihn auf der Bahnhofsrampe und bahnte sich einen Weg zu ihm. Er fiel ihm um den Hals, ohne zu beachten, dass Vater gerade sprach oder betete.

Lange dauerte diese Freude nicht. Schon im Herbst desselben Jahres 1918 brach das deutsche Kaiserreich zusammen. Die Truppen zogen sich aus dem Baltikum zurück. Viele deutsche Familien verließen ihre Güter und ihre Heimat und schlossen sich den abziehenden Soldaten an. Aber die meisten blieben und auch die Pastoren waren ihren Gemeinden treu. 1919 wurden Estland und Lettland vom Völkerbund zu souveränen Staaten erklärt. Die estnische Regierung räumte den Baltendeutschen eine Selbstverwaltung ein. Die deutschen Schulen, in denen von 1914 an alle Fächer außer Deutsch und Religion auf Russisch gelehrt werden mussten, konnten wieder in deutscher Sprache unterrichten. Estnisch wurde obligatorisch als erste Fremdsprache eingeführt. In der Lutherischen Kirche war erstmalig ein estnischer Bischof gewählt worden, dem auch die deutschen Gemeinden unterstanden. Vater, der als Propst für die etwa 20 deutschen Gemeinden Estlands zuständig war, hatte aber trotz des überschäumenden estnischen Nationalismus keine Schwierigkeiten mit den neuen estnischen Behörden und das Leben normalisierte sich in den kommenden Jahren.«

# Ahnungslose Lehrerin

Inzwischen schrieben wir das Jahr 1921. Die geschrumpfte deutsche Volksgruppe, heute Deutschbalten genannt, musste improvisieren und sich neu organisieren. Sie war nicht mehr die Herrenschicht, sondern die Minderheit in einem ›Freistaat‹, freilich mit vorbildlichem Minderheitenrecht.

»Auch Anke war nun nach Deutschland gezogen und besuchte in Dortmund ein Lehrerinnenseminar«, berichtet Margarete über die weitere Entwicklung. »Ich selbst beendete die Elisenschule auf dem Revaler Domberg. Mit Weiterlernen und Abitur war es nichts, das wäre für die Eltern zu teuer gewesen. So gab ich erst mal Privat- und Nachhilfestunden. In Reval sollte eine neue deutsche Grundschule gegründet werden. Vater wurde gefragt, ob er nicht eine Tochter hätte, die gerade in Dortmund das Lehrerinnenseminar beendet hätte. Anke, die inzwischen zurückgekommen war, hatte aber gleich eine andere Anstellung gefunden. ›Aber‹, sagte Vater, ›ich habe noch eine Tochter.‹ Das genügte, weiter wollte man gar nichts wissen. Ich sollte also diese Stellung als Lehrerin antreten. Wie der Stundenplan besprochen wurde und sie mich fragten, was ich übernehmen könne, sagte ich, es sei mir ganz gleich, ich hätte sowieso in keinem Fach eine Vorbildung. Da bekam ich Turnen, Singen, Zeichnen, Handarbeit und die Schulanfängerklasse. Wenn ich es jetzt bedenke«, so resümiert Margarete zurückschauend und zu Recht kopfschüttelnd, »war es ein Wahnsinn, so ein ahnungsloses Geschöpf von 19 oder 20 Jahren als Lehrerin anzustellen! Sicher habe ich viele Fehler gemacht. Aber ich wurde weder gelobt noch getadelt und war drei Jahre an der Schule tätig – bis zu meiner Hochzeit.«

## Die passende Ehefrau

> Unter der zahlenmäßig kleinen deutschen Bevölkerung Estlands kannten sich die meisten adeligen Familien untereinander. Die junge Lehrerin war auch in der deutschen christlichen Jugendarbeit Revals aktiv und muss offenbar als besonders aufgeschlossene und attraktive Frau bekannt geworden sein. So nahm die Geschichte ihren unvermeidlichen Fortgang.

»In Wesenberg war neben der großen estnischen eine kleine deutsche Kirchengemeinde entstanden. Der neue Pastor Walter von Holst war unverheiratet und wurde von allen jungen Mädchen angeschwärmt. Er war öfter bei Baron und Baronin von Dellingshausen eingeladen, die recht aktiv zu seiner Gemeinde gehörten. Diese waren mit meinem Vater nach Jenisseisk ausgewiesen worden und hatten dort geheiratet, beide nicht mehr jung. Nun beschloss die tatkräftige Baronin, ihrem Pastor eine passende Frau zu suchen. Ihre Wahl fiel auf mich. Zum Glück war ich ahnungslos. Sie lud Anke und mich nach Weihnachten zu sich nach Wesenberg ein.

An einem Abend war Pastor von Holst auch zum Abendessen eingeladen. Vom Sehen kannte ich ihn schon. Vater war Propst der deutschen Gemeinden und damit sozusagen sein Vorgesetzter. Pastor von Holst war manchmal bei Vater in Reval gewesen, um etwas Amtliches zu besprechen, aber ich hatte ihm höchstens mal die Tür geöffnet. Nun verbrachten wir den Abend gemeinsam. Anke fuhr am nächsten Morgen ab, ich konnte noch etwas bleiben.

Er bat mich, ihn zu einer Sitzung über Jugendfragen zu begleiten. Denn in Reval leitete ich einen Jugendkreis der Gemeinde. Hier waren noch andere Jugendleiterinnen anwesend. Ein gegenseitiges Interesse war erwacht. Nach einigen Monaten, im Frühling, bekam ich eine Karte von ihm. Er käme nach Reval und fragte, ob wir einen gemeinsamen Spaziergang oder einen Ausflug machen könnten. Ich sagte zu, aber es war mir etwas ungemütlich und ich nahm meine jüngsten Brüder mit. Am Abend sollten Volkslieder gesungen werden. Unsere Familie war nicht sehr gesellig, aber es wurden einige Bekannte eingeladen und man sang gerne mehrstimmig. Ich glaube, er empfand das alles als sehr steif.

Dann trafen wir uns zu einer Freizeit für Jugendleiter in Haselau bei Dorpat. Eine große Schar junger Mädchen und Pastoren. Der Leiter war aus Deutschland gekommen. Für ›Tante‹ Lotti von Dellingshausen ging alles nach Wunsch.«

> Walter hatte sich schnell in die Frohnatur Margarete verliebt und er suchte jede Gelegenheit, sie wieder zu sehen.

»Aber verlobt haben wir uns erst am Lodenseeschen Strande, wo meine Familie den Sommer verbrachte. Etwas überraschend für die Eltern tauchte Walter dort auf – und bald danach waren wir verlobt.«

> Nach der großen Hochzeit im Jahre 1925 bezog das junge Paar eine teils möblierte kleine Wohnung in Wesenberg.

»Im Pfarrhaus saß der für die große estnische Gemeinde sorgende Pastor Pallon, der bis dahin auch die deutschen Gottesdienste gehalten hatte, er war Deutscher. Manche fanden es unnütz, dass ein neuer Pastor in die kleine Stadt kam. Es war eine etwas schwierige Lage. Wenn ich zurückdenke, scheint es mir, als wäre ich sehr unbekümmert gewesen, sorgenlos und eigentlich immer fröhlich. Ich nahm das Leben von seiner besten Seite und setzte nichts Böses voraus. Wir machten viele Besuche in der Gemeinde. Es waren ca. 500 Deutsche in Wesenberg.

Einmal wurde Walter als Vertreter der deutschen Jugendarbeit Estlands zu einer Konferenz nach Helsingfors geschickt. Als er zurückkam, sollte er für das ›Deutsche Kirchenblatt‹, das Vater herausgab, einen Bericht schreiben. Ich sollte den Bericht ins Reine schreiben und in die Hauptstadt abschicken. Zum Spaß schrieb ich einen ›Zwischenbericht‹ und klebte ihn so hinein, dass, wenn man dies Blatt aufhob, der richtige Text darunter weiterging. Ich schrieb: ›Es gab auch ein Konferenzschwein, das lief öfters durch die Straßen von Helsingfors und die Konferenzteilnehmer hinterher, die versuchten, es zu kneifen ...‹ und solchen Unsinn mehr. Natürlich dachte ich, Vater würde das sofort entdecken. Aber merkwürdigerweise traute er mir solchen Unfug nicht zu und es wäre in Druck gegangen, wenn Vaters Schwester Tante Eva, der er den Artikel zu lesen gab, nicht dahintergekommen wäre. Nachträglich bekam ich einen großen Schreck.«

Nach einem Jahr Ehe wurde Wolf-Dieter geboren. Ihm folgten, im Abstand von jeweils zwei Jahren, erst Hans-Jürgen, dann Günther und die ›drei kleinen

Mädchen‹ Ilse, Anneli und schließlich – nach dreijährigem Abstand – Gretel. Trotz äußerst spartanischer Umstände gehörte in ein musikliebendes Haus außer der virtuos beherrschten Geige des Vaters ein Flügel für die sangesfreudige Mutter.

»Es war viele Jahre später in Wesenberg. Ich saß mit einem interessanten Buch im Wohnzimmer. Meine drei Jungen standen am Klavier und spielten sechshändig, jeder seine eigene Melodie und das möglichst laut. Über uns wohnte eine entfernte Verwandte mit ihren Kindern. Sie hörte den schrecklichen Lärm und eilte herunter, um zu sehen, was los war und um die Lautstärke etwas einzudämmen. Sie dachte, ich wäre ausgegangen. Zu ihrem Erstaunen stellte sie fest, dass ich im selben Zimmer saß und las – ich hatte den Lärm gar nicht wahrgenommen.«

## Von Wundern leben

Die frischgebackene Pfarrfrau befand sich bald in unerwarteten Schwierigkeiten. Nicht nur, dass sie sich neuerdings an das höchst ungeliebte Telefon des ›Pastors‹ – wie er im Baltikum hieß – gewöhnen musste, wenn ihr Mann außer Hause war, oder dass er eine zweite Berufsausbildung beginnen musste, weil er die Familie sonst nicht ernähren konnte. Es gab Anfangskonflikte in der Gemeinde und das Geld reichte nicht aus!

»Ich wurde Pfarrfrau im kleinen Landstädtchen Wesenberg. In Estland waren Staat und Kirche getrennt. Jede Gemeinde kam für den Unterhalt ihres Pastors auf. Damals zahlte jede Gemeinde ihrem Pastor, soviel sie erübrigen konnte. War einer Pastor an einer großen Gemeinde, dann hatte er sein gutes Auskommen. In Wesenberg gab es aber nur eine kleine und arme deutsche Gemeinde neben der estnischen Ortsgemeinde. Sie hatte nicht einmal ein Pfarrhaus für ihren Pastor. Da hieß es, sich bis aufs Äußerste einschränken. Wir hatten es sehr schwer durchzukommen. Walter bekam nur 100 Kronen und musste zusätzlich hauptamtlicher Lehrer an der deutschen Schule werden, um noch 100 Kronen dazuzuverdienen.«

Nächtelang hat er sich folglich auf die obligatorischen Lehrerprüfungen vorbereiten müssen.

»Die Familie wuchs. Eine Frau und sechs Kinder satt zu machen war kaum möglich. So sparsam wir auch lebten, es reichte nicht. Wir kauften keine Wurst, sondern nahmen Kartoffelscheiben aufs Brot. Neue Kleidung konnten wir uns nicht leisten. Wir waren auf Geschenke abgelegter Sachen aus der Verwandtschaft angewiesen. Und Anke, die inzwischen Krankenschwester in Hamburg war, strickte und nähte den Kindern reizende Sachen. Einmal, als ich zu den Eltern nach Reval fahren wollte, fragte mich die liebe Verwandte, die über uns wohnte, und mich so lange im Haushalt vertreten sollte: ›Wovon soll ich denn nun deine Wirtschaft bestreiten?‹ Ich sagte, die ersten 10 Tage leben wir vom Gehalt des Pastors und vom 10. bis zum 20. reicht das Geld des Lehrers. ›Und dann?‹, fragte sie. ›Dann leben wir von Gottes Wundern.‹ Und wir lebten von Wundern! Es ging bescheiden her, aber unser himmlischer Vater hat uns doch durchgebracht, Jahr um Jahr. Wir brauchten keine Schulden zu machen.

Als ich einmal mit meinem Vater davon sprach, fragte er: ›Wie steht es mit Eurem Zehnten?‹ Ich zögerte. Meinte er wirklich, wir sollten ein Zehntel unseres schmalen Einkommens auch noch abgeben? Dann bliebe für uns ja noch weniger übrig. Aber Vater sagte: ›Seit wir den zehnten Teil vom Gehalt sozusagen Gott zurückgeben (für Kollekten und um anderen zu helfen), seitdem sind wir ausgekommen.‹ Da haben wir es auch versucht – und es stimmte. Das ist ein göttliches Geheimnis, das mit dem Verstande nicht zu erklären ist.

Ich liebte den Februar, da waren meist nur 28 Tage zu bestreiten.«

# Allein in Königsberg

Zur bereits bestehenden Notlage der jungen Familie häuften sich unerwartete weitere Sorgen bis zur Todesgefahr. Doch bei der Mutter wuchs ein bleibendes Gefühl der Geborgenheit bei Gott.

»Im April 1937 wurde Gretel geboren, unser sechstes Kind. Jetzt hatten die drei älteren Brüder jeder seine kleine Schwester. Sie gefiel Wolf-Dieter, dem ältesten besonders gut und er schlug dem jüngsten Bruder vor: ›Wollen wir unsere Schwestern tauschen, deine gefällt mir besser als meine.‹ Aber Günther ging nicht darauf ein: ›So lange habe ich auf eine eigene Schwester gewartet. Nun gebe ich sie nicht her.‹ Dabei ist es geblieben. Als aber Gretel etwa ein Jahr alt war, zeigte sich im Gesicht und an Armen und Beinen ein Ausschlag. Die Ärzte versuchten vergeblich, Heilung herbeizuführen. In Estland war einem solchen Leiden nicht beizukommen. Schließlich übernahm der Verein für das Deutschtum im Ausland die Kosten für eine Heilbehandlung in der Universitätskinderklinik in Königsberg. Das war im Herbst 1938.

Ich hatte anschließend eine sehr schöne Reise vor. Anke, die Krankenschwester in den Eppendorfer Kliniken war, schenkte mir, der jüngeren Schwester, eine Fahrkarte nach Hamburg. Ich sollte gemeinsam mit ihr einen Urlaub in Schleswig-Holstein verbringen. ›Mutter Voss‹, eine Pfarrfrau aus Polen in der ehemaligen deutschen Provinz Posen, lud mich zu sich aufs Land ein. Sie war einige Male bei uns in Estland gewesen und hatte dort Pfarrfrauenfreizeiten gehalten. Dabei hatte ich sie kennen und lieben gelernt und war durch sie Mitglied des Pfarrschwesternbundes geworden. Da die Pfarrfrauen in Polen kein Visum nach Deutschland bekamen, sollte ich als ausländische Vertreterin dieses Kreises zur Reichstagung des Pfarrer- und Pfarrfrauenbundes nach Bad Liebenzell im Schwarzwald fahren. So lag eine schöne reiche Zeit vor mir.

Voller Freude machte ich mich mit Gretel auf diese Deutschlandreise. Eine Königsberger Pfarrschwester nahm uns liebevoll in Empfang. Wir brachten die kleine Gretel ins Krankenhaus. Unvergesslich wurde der schlimme Augenblick, als eine Schwester sie wegtrug. Sie streckte die Arme nach mir aus und schrie. Und ich konnte nichts machen. Am nächsten Morgen reiste ich weiter, über die Grenze nach Polen und erlebte inhaltsvolle beglückende Tage im Kreise der Pfarrfrauen in Posen und bei meiner geliebten Mutter Voss in ihrem blumenumrankten Witwenhäuschen am Waldrand. Von dort ging es nach Liebenzell. Hier durfte ich unsere Bundesmutter Clara Heitefuss kennen und lieben lernen und war richtig zu Hause im schwesterlichen Kreis der Pfarrfrauen. Es folgte die Ferienreise durch Schleswig-Holstein mit Wasser und Sonne, Wandern und Seen, wie man sie sich nicht schöner denken kann, verwöhnt von einer Schwester, die sich nicht genug tun konnte, neue Freuden auszudenken.

Auf der Rückreise besuchte ich noch verschiedene Verwandte und Bekannte und geriet in Berlin in einen Gottesdienst der Stadtmission. Den leitenden Pfarrer Erich Schnepel hatte ich in Liebenzell kennengelernt. Als ich mich nach dem Gottesdienst von ihm verabschiedete, forderte er mich auf, noch an einer kleinen Versammlung teilzunehmen. Etwa 20 Personen blieben zurück. Pfarrer Schnepel sagte, am folgenden Abend hätten sie eine ›Zeugnisversammlung‹ in der Kirche. Er stellte ein Thema vor, das ungefähr lautete: ›Christus im Alltag‹. Jeder sollte sich überlegen, was er aus eigener Erfahrung dazu erzählen könnte. Ich sagte gleich, ich könne nicht öffentlich sprechen und wüsste im Augenblick auch nichts dazu zu sagen. Es wurde ungemütlich. Dann erzählte einer nach dem anderen irgendeine kleine Begebenheit und mit einem Mal stand vor meinem inneren Auge etwas, was ich kürzlich erlebt hatte. Ich erzählte es, aber mit der Bemerkung, dass ich es morgen nicht wiederholen werde. Zuletzt suchte Pfarrer Schnepel aus all dem Gehörten das heraus, was er für sinnvoll hielt und forderte alle, die ihm geeignet erschienen, auf, sich am nächsten Abend rechtzeitig einzufinden. Ich war auch mit darunter. Nun half kein Sträuben mehr und ich fügte mich. Der Kirchsaal war brechend voll und mit klopfendem Herzen setzten wir ›Redner‹ uns in die vorderste Bank. Und dann musste einer nach dem anderen die Kanzeltreppe hinaufsteigen und Pfarrer Schnepel sagte jedes Mal einige überleitende Worte. Als ich an der Reihe war, hatte ich das Gefühl wie eine, die ins Wasser springen soll und gar nicht zu schwimmen versteht. Und dann macht sie die erstaunliche Erfahrung, dass das Wasser sie trägt und sie am anderen Ufer wieder auftauchen darf. Das war meine erste Begegnung mit der Berliner Stadtmission.

Aber nun eilte ich nach Königsberg. Denn die sechs Wochen, die Gretel im Krankenhaus behandelt werden sollte, waren um. In Königsberg stieg ich wieder bei den freundlichen Gastgebern im Pfarrhaus ab. Ich wollte gleich ins Krankenhaus fahren, um nach Gretel zu sehen. Da meinte die Pfarrfrau, das sollte ich auf morgen verschieben, es sei schon spät und sie wollten nun Abendbrot essen. Ich rief im Krankenhaus an und erfuhr, dass Gretel noch nicht geheilt sei und nicht entlassen werden könne. So beschloss ich, sie am nächsten Morgen zu besuchen und dann nach Hause zu fahren – ohne sie.

In der Nacht bekam ich starke Leibschmerzen. Da ich sehr gesund bin, meinte ich, es würde wieder vergehen und wollte mich nicht darum kümmern. Aber es wurde immer schlimmer. Ich schleppte mich am nächsten Morgen nur mit Mühe ins Esszimmer und musste mich bald wieder hinlegen. Es war ein unseliger Tag. In allen deutschen Städten brannten die Synagogen. Eine unglaubliche Judenverfolgung hatte mit der Kristallnacht eingesetzt. Überall herrschte Entsetzen und große Aufregung. Auch meine Schmerzen wurden immer unerträglicher und ich konnte drei Tage lang nicht aufstehen. Schließlich wurde von meiner Gastgeberin Frau Lackner ein Arzt gerufen. Sechs Kinder hatte ich zur Welt gebracht, aber das war ein Kinderspiel gewesen gegen diese wütenden Schmerzen. Über meinem Bett hing ein Spruch:

*Wie ein Strom aus unbekannter Herrlichkeit*
*fließt der Friede Gottes durch das Land der Zeit.*
*Wunderbar getragen von der Friedensflut*
*singe ich dem Ew'gen: Herr, wie hab ich's gut.*

Immer und immer wieder hingen meine Blicke an diesen Zeilen und es war, als würden sie lebendig. In allen Schmerzen, allein in der Fremde, aber getragen in einem Strom von Frieden, von einer unsichtbaren Hand, die das Herz still und getrost machte. Die Pfarrfrau sorgte rührend für mich. Als der Arzt mich sah, erschrak er. Ich hatte Fieber und mein ganzer Unterleib war wie gelähmt. Er wusste keinen Rat: ›Rasch einen Chirurgen, es muss vielleicht operiert werden!‹ Der Chirurg verlangte nach einer kurzen Untersuchung, ich müsse sofort ins Krankenhaus gebracht werden – wenn es nicht schon zu spät sei. Ich wurde mit einem Krankenauto ins ›Haus der Barmherzigkeit‹ gebracht. Es sah wohl ziemlich böse aus. Es wurde eine Unterleibsoperation angesetzt und gleich operiert. Der Ausgang war ungewiss.

Ich hatte nur noch fünf Reichsmark übrig sowie meine Fahrkarte nach Estland. Dem Arzt hatte ich gesagt, dass ich aus dem Ausland käme und über kein Geld verfügte, um eine solche Behandlung zu bezahlen. Dieser meinte aber, dass ich es Gott wohl zutrauen dürfte, dass er für die nötigen Mittel sorgen werde, wenn er mich hier krank werden ließe. Und ich habe neun Wochen dort gelegen. Inzwischen hatte sich herausgestellt, dass auch Gretel weiter in Behandlung bleiben müsste. Nach einer Woche lag eine Rechnung über 49,50 Reichsmark auf meinem Nachttisch. Am Tage, als die Zahlung fällig war, kam der Geldbriefträger und brachte mir 50 Mark. Das Geld kam von Mutter Heitefuss vom Pfarrschwesternbund. Jedes Mal, wenn eine Woche herum war, lag eine neue Rechnung auf meinem Nachttisch. Und dann blieb es durch neun folgende Wochen so: am nächsten Tage kam der Geldbriefträger und brachte das nötige Geld. Die ostpreussischen Pfarrfrauen hatten sich zusammengetan, die Stadtmission in Berlin zu meiner ganz besonders großen Freude – und mal die Verwandten in Reval. Von verschiedenen Seiten kam das Geld und ich brauchte nichts schuldig zu bleiben. Ja, als ich endlich so weit war, dass ich an die Heimreise denken konnte, da war noch so viel übrig, dass ich eine weitere Fahrkarte besorgen konnte, damit Walter mich abholen und wir gemeinsam in verschiedenen Läden allerlei Kleidungsstücke für uns und die Kinder einkaufen konnten – etwas für uns ganz Neues, denn wir hatten so wenig Mittel, dass wir immer darauf angewiesen waren, zu tragen, was andere uns schenkten. Es war eine Kette von Wundern.

Noch im Krankenhaus kam eines Tages eine Dame vom Rundfunk. Ich hatte geschrieben und gebeten, Grüße nach Wesenberg zu übermitteln. Auf den gleichen Gedanken war Walter gekommen und hatte mir auf diesem Wege Grüße bestellen lassen. Dem Rundfunk kam das etwas seltsam vor, aber sie stellte fest, dass es stimmte und so konnten wir durchs Radio gleichzeitig voneinander hören.

Zu Weihnachten kam Anke aus Hamburg, das war eine Freude.«

In dieser Zeit schrieb Margarete von Holst in einem Brief an ihre drei Söhne in Wesenberg:

»Wenn ich darüber nachdenke, was ich in der letzten Zeit erlebt habe, dann fällt mir gar nicht all das Böse ein, meine großen Schmerzen, sondern etwas ganz anderes, was so viel größer war. Wisst Ihr, es ist wohl so, wenn ein Mensch ganz allein und in großer Not ist, dann ist der Herr Jesus ihm so ganz besonders nah und hüllt ihn in seinen tiefen Frieden ein. Und wenn es heißt: Wer weiß, ob es nun im Operationszimmer zum Sterben oder Weiterleben geht, weil es böse aussieht und die Ärzte es auch nicht recht wissen, dann nimmt er einen ganz still in seine Arme und hebt ein wenig, nur ein klein wenig den Vorhang, der die Zeit von der Ewigkeit trennt, dass man einen Blick in den himmlischen Glanz tun darf. Das ist etwas so Herrliches, das können menschliche Worte nicht beschreiben. Wisst Ihr, wie es zu Weihnachten ist, wenn ihr im dunklen Zimmer wartet und Vater die Tür einen Spalt weit aufmacht und sie dann schnell wieder schließt, dass Ihr ganz geblendet seid von all den Strahlen. So und noch viel herrlicher ist das, was durch den Himmelsspalt scheint. Da darf man sich selbst und alle Qual vergessen und man weiß: die Hauptsache ist, dass Jesus da ist. Und da wird man ganz froh, denn man weiß, du gehörst ihm und wenn es durch den Tod geht, so ist er doch da und er ist viel größer als der Tod. Und da lässt man sich ganz ruhig wie in einem tiefen Strom gleiten und weiß, ich fall in die Arme des Vaters und die traurigen Gedanken verschwinden. Wer das erlebt hat, kann es gewiss nie wieder vergessen.«

Über das Finanzierungsproblem heißt es:

»Nun liege ich hier wie ein reiches Königskind, das der König in die Fremde geschickt hat. Das Königskind weiß, mein Vater hat mich hergeschickt, er wird zur rechten Zeit auch die Bezahlung schicken, auf die meine Ärzte warten. Es braucht sich nicht zu sorgen, es guckt nur voll Spannung aus: Von wo wird der Bote kommen? Und schon kommt der erste Bote und bringt genau so viel, wie fürs Erste nötig war. Der Bote war diesmal der Pfarrfrauenbund. Das Königskind freut sich über seinen reichen Vater. Der Höhepunkt jeden Tages ist die Post um halb zehn. Bisher bekam ich immer was. Heute früh ein schönes Päckchen von Tante Anke und einen Brief aus Baltischport in Estland und einen weiteren von Pastor Schnepel – woher er bloß von meinem Zustand weiß? Er schreibt, die Arbeitsgemeinschaft im Berliner Osten bete für mich. Es ist sehr schön, zu wissen, dass so viele beten, nicht nur zu Hause in Estland, auch in Polen, die Pfarrfrauen sowie die Gemeinde im Berliner Osten und in Marburg und Königsberg. Darum geht es mir wahrscheinlich auch so gut und der Arzt ist sehr zufrieden.«

In einem Gedicht an die Söhne klingt die Sorge an, womöglich selbst keinen Einfluss mehr auf die Zukunft der Kinder zu haben und die damals naheliegende Befürchtung, dass die national-sozialistischen Parolen den Kindern Eindruck machen könnten:

*Doch eins, meine Söhne, vergesst es nicht,*
*in eurem Leben das hellste Licht*
*sei euer Heiland Jesus Christ,*
*der auch für euch gestorben ist.*

*Und sagen sie: wir sind stark genug,*
*Gott oder Christus – alles Betrug!*
*So glaubt ihnen nicht. Die armen Toren,*
*sie haben im Leben das Beste verloren.*

»Im Januar hieß es, meine Heilung sei so weit fortgeschritten, dass ich nach Hause fahren könne. Walter machte sich von Wesenberg aus auf den Weg, um mich abzuholen. Er fuhr zu Gretel in die Klinik. Sie saß in einer Box mit teerbehandeltem geschwärztem Kopf, ein Liebling der Schwestern. Aber den Vater erkannte sie nicht. Da setzte er sich an das Gitter der Box und fing mit irgendeinem Spielzeug an zu spielen, ohne Gretel zu beachten. Bald wurde sie neugierig und rückte näher, bis sie sich allmählich befreundeten. Am Tage vor unserer Abfahrt hieß es, das Kinderkrankenhaus benötige am kommenden Tage das Bett für neue Patienten, nun müsse sie entlassen werden. Genau am gleichen Tage, an dem auch ich entlassen wurde. Vier Monate hatte Gretel im Krankenhause zugebracht. Aber auf Tag und Stunde hatte Gott alles bestimmt, so dass wir voll Lob und Dank mit ihr heimwärts fuhren. Als wir endlich im Zuge saßen, war Gretel wieder ganz zutraulich und wir Eltern konnten uns freuen.

Zu Hause erwartete uns noch eine Überraschung. Die Gemeinde in Wesenberg hatte sich gesorgt und um mein Leben gebangt und freute sich nun, als wir nach Hause kamen. Sie hatten mir einen Gabentisch aufgebaut, der vor guten Dingen geradezu brach. Da gab es 12 neue Bettlaken, fertig gesäumt und mit Monogrammen versehen, Handtücher und Kissenbezüge, Zucker und Honig, Mehl, Butter und Früchte, kurz, eine überwältigende Fülle. Auch Blumen und Torten fehlten nicht. Dies war die letzte Liebe, die diese Gemeinde uns erwies. Wenige Monate danach brach der Zweite Weltkrieg aus und brachte uns eine totale Veränderung unseres bisherigen Lebens.«

# Ende von 700 Jahren Tradition – und dann?

In den Niederschriften über ihr Leben kam Margarete von Holst zum größten Umbruch, den ihr Leben im Baltikum mit sich brachte: die Umsiedlung ihrer Familie nach Deutschland im November 1939. Sie betraf gleichzeitig über 100 000 Deutsche, die ihre geliebte Heimat in Estland und Lettland endgültig verloren.

»1939 – der Zweite Weltkrieg war ausgebrochen. Zunächst ging das Leben in Estland ruhig weiter. Aber dann, es war wohl im Oktober, als wir bei einer Nachbarsfamilie am Radio saßen – wir selbst hatten uns kein Radio anschaffen können – und eine Rede Adolf Hitlers anhörten, stutzten wir mit einem Mal: Galt das etwa uns? Er sprach von volksdeutschen Gruppen, von Umsiedlung, wie von Figuren auf einem Schachbrett. Nachdenklich gingen wir nach Hause. Was hatte das zu bedeuten? Wir sollten nicht lange im Unklaren bleiben: ›Die Russen kommen‹. Schon am nächsten oder übernächsten Tage wurde bei allen Baltendeutschen die Parole ausgegeben: ›Wir müssen die Heimat verlassen!‹ Mit unheimlicher Geschwindigkeit entwickelten sich die Dinge. Keiner kam recht zur Besinnung. Alle, die sich zu den Deutschen zählten, brachen geschlossen auf – ohne Widerspruch. Die Haushalte wurden aufgelöst, die Sachen verpackt, vieles verkauft, hieß es doch mit einem Mal, alle Deutschen werden in das von Hitler eroberte Polen umgesiedelt. Hintergrund war ein Geheimvertrag zwischen Hitler und Stalin, ein Nichtangriffspakt, in dem

Hitler Stalin versprach, keinen Einspruch zu erheben, wenn dieser das Baltikum annektierte. Dafür sollte die gesamte deutschbaltische Bevölkerung ›rückgeführt‹ werden.

Für die alten Menschen war das ein schwerer Schlag. Wir freuten uns. Das Leben in Wesenberg war in mancher Beziehung sehr schwer. Und dann lockte das Neue, das uns erwartete.

Der Leiter unserer deutschen Gruppe in Wesenberg kam zu uns und riet, sobald wie möglich mit den Kindern die Stadt zu verlassen und nach Reval zu fahren, wo die deutschen Schiffe ablegen sollten. Damals sah es bedrohlich aus. Die Russen standen bei Narwa – nur 100 km weiter östlich – hinter der Grenze. So brach ich schon am nächsten Tage mit den Kindern auf, während Walter bei der Gemeinde blieb, bis alle die Stadt verlassen hätten. Ungefähr drei Wochen hielten wir uns bei meinen Eltern in Reval auf. Inzwischen war die Wesenberger Gemeinde nach Westpreußen umgesiedelt worden.

Eines Tages wurden uns die Fahrkarten fürs Schiff gebracht. Wir waren an der Reihe und nahmen Abschied von der Heimat. Walter wurde benachrichtigt und kam angereist – gemeinsam bestiegen wir die ›Sierra Cordoba‹, die uns nach Stettin bringen sollte. Es gab dreierlei Gepäck: Handgepäck, das man mit sich führte, sogenanntes ›Großes Gepäck‹, das auf das Schiff geladen wurde, sowie Kisten mit Möbeln, die adressenlos blieben aber mit Namen und Ziffern bezeichnet und aufgelistet wurden. Diese lagerten später monatelang in Gotenhafen.
Das Schiff löste sich vom Hafenquai, ich erinnere mich,

wie die Silhouette von Reval immer ferner rückte. Unsere Augen blieben lange an den spitzen Türmen haften, die schließlich am Horizont versanken. Ein wehmütiger Augenblick. Würden wir die alte Heimat jemals wiedersehen? Eine siebenhundertjährige eigenständige deutsche Kulturepoche im Baltikum ging zu Ende.

Wir landeten in Stettin und von da ging es mit der Eisenbahn nach Posen. Die fremde polnische Landschaft, durch die ich vor einem Jahr ahnungslos gefahren war, sollte nun unsere neue Heimat werden. Lagerleben in Posen – für die Kinder alles interessant und neu. Die Lagerleitung überreichte Walter einen Schlüsselbund und nannte eine Adresse. Wir sollten uns die neue Wohnung ansehen. Die polnischen Bewohner waren womöglich kurz vorher verhaftet oder verschleppt oder in ein Lager gebracht worden. Die Betten waren nicht gemacht. Reste der letzten Mahlzeit lagen auf dem Tisch. Es schnürte einem die Kehle zu! Hier sollten wir einziehen? Unmöglich! Wir brachten das Schlüsselbund zurück. Wir konnten uns nicht entschließen. So ging es vielen.

Aber schließlich musste jeder irgendwo bleiben. Wir waren die letzte Familie im Lager. Und dann bedeutete uns der Lagerleiter, wir hätten zu bleiben, wo sie uns jetzt hinschicken würden. Es war die elegante Wohnung einer vornehmen polnischen Familie. Der Vater verschleppt, Mutter und Tochter im Lager – und wir sollten in ihre Wohnung einziehen! Aber es war Krieg und das Kriegsrecht galt. Polen hätten sich unmenschliche Grausamkeiten gegenüber Deutschen zuschulden kommen lassen, hieß es.

Wir zogen also ein und staunten über die reichen Vorräte, die wir vorfanden. In der Speisekammer, in und auf den Schränken war alles aufgestapelt, was zum Leben gehörte: Reis und Kaffee, Zucker und Honig, Weckgläser mit dem schönsten Inhalt, Fleischkonserven und Fett, Seife und Kerzen. Es fehlte an nichts. Die Familie hatte sich gut eingedeckt. Wir wurden an das Gleichnis vom reichen Kornbauern erinnert: ›Nun liebe Seele, iß und trink und habe guten Mut‹ – und wes' wird's sein? Sie hatten alles in einer Nacht verlassen müssen – und ausgerechnet wir waren die Nutznießer.

Jeder Umsiedler bekam Arbeit in seinem Beruf. Die Gutsbesitzer bekamen die von Polen geräumten Güter, die Pfarrer wurden in Gemeinden eingesetzt. Bis zum Januar 1940 blieben wir dort, denn Walter sollte sich der Estländer seelsorgerlich annehmen. Dann wurde Walter als zweiter Pfarrer nach Hohensalza berufen. Dort lebte der reizende alte Superintendent Diestelkamp. Er ließ Walter freie Hand in der Arbeit, übergab uns seinen kleinen fruchtbaren Garten und kam uns in jeder Weise mit großer Herzlichkeit entgegen. Es kamen immer mehr deutsche Umsiedler an, aus Wolhynien, aus Bessarabien, dem Banat und von der Wolga, so brauchte er einen Amtsbruder, um die wachsende Arbeit zu bewältigen. Walter sollte vor allem für die Umsiedler da sein. Fünf Jahre durften wir in Hohensalza bleiben, bis zu unserer überstürzten Flucht im Frühjahr 1945. Da wurden alle auseinandergerissen. Von vielen haben wir nichts mehr gehört.«

# Die Kartoffelgeschichte

Aus der Familiengeschichte, die mein Vater im Jahre 1964 – nach seiner Emeritierung – mit Schreibmaschine aufschrieb, ist der folgende Beitrag meiner Mutter entnommen. Margarete von Holst hat diese ungewöhnliche Begebenheit als Beweis der Fürsorge Gottes in ihrem Leben häufig erzählt.

»Aus jener Kriegszeit in Hohensalza ist uns eine Begebenheit besonders eindrücklich geworden. In Königsberg, während meiner Krankheit, durften wir es lernen, dass wir einen reichen Vater im Himmel haben, der für seine Kinder sorgt. Damals sagten wir uns: Um Geld wollen wir uns nun nie mehr Sorgen machen. Der Vater im Himmel weiß wohl, was wir bedürfen. Nun sollten wir in Hohensalza eine neue Lektion lernen. Es war damals im Warthegau verhältnismäßig gut bestellt mit der Ernährung. Im Vergleich zu den späteren Hungerjahren war alles reichlich vorhanden. Aber bei uns gingen viele Gäste aus und ein und einige ›Bombenkinder‹ aus Berlin hatten einen gesegneten Appetit mitgebracht und waren gar nicht satt zu kriegen.

Eines Tages sagte unser polnisches Mädchen zu mir: ›Frau Pastor, unsere Kartoffeln gehen zu Ende.‹ Ich erschrak und meinte, das sei doch nicht gut möglich. Wir hätten ja erst Januar und die Kartoffeln sollten bis Juli reichen. ›Nun,‹ meinte sie, ›wenn soviel Gäste zu uns kommen, dann ist es ja auch kein Wunder, wenn die Kartoffeln alle werden.‹ – ›Ja, aber die Gäste, die Gott uns ins Haus schickt, dürfen wir doch nicht vor die Tür setzen‹, entgegnete ich. ›Dann muss der liebe Gott auch für die Kartoffeln sorgen.‹ Damit ging sie aus dem Zimmer. Ich blieb nachdenklich zurück. Was wollte der Herr mir damit sagen? Sollte ich anfangen, einzuteilen und den Kindern vorschreiben, wieviel sie essen dürften? Oder dürfte ich Gott vertrauen, dass er für die Kartoffeln sorgen würde? Später haben wir alle das Einteilen gelernt. Damals war es uns fremd. Ich betete um Klarheit – aber ich bekam keine. Nun hatte ich ein Spruchkästchen mit vielen Blättchen, auf deren jedem eine Bibelstelle verzeichnet stand.

Ich wusste wohl, dass man die Bibel oder solch eine Spruchsammlung nicht als Orakel benutzen und sich beliebig von da eine Antwort holen dürfe. Das wäre ja Zauberei. Aber damals bat ich den Herrn, er möchte doch seinem dummen Kinde einmal auf diese Weise antworten. ›Und wenn es nicht sein soll, dann lass mich einen Spruch ziehen, der nichts mit der Sache zu tun hat. Dann weiß ich: Nein, so darf man es nicht machen.‹ Und dann griff ich in den Spruchkasten hinein und zog einen Spruch. Aber die Blättchen waren so dünn, dass drei aneinander klebten. Und als ich die Stellen aufschlug, die angegeben waren, da hieß die erste: ›Er begehrt mein, so will ich ihm aushelfen. Er ruft mich an, so will ich ihn erhören; ich bin bei ihm in der Not; ich will ihn herausreißen und zu Ehren bringen‹ Ps. 91, 14 – 15. Die zweite lautete: ›Ihr Kleingläubigen, warum seid ihr so furchtsam?‹ Mt. 8,26. Und die dritte: ›Aber auch die Haare auf eurem Haupt sind alle gezählt. Darum fürchtet euch nicht; ihr seid besser, als viele Sperlinge‹ Lk. 12,7.

Das war eine klare unmissverständliche Antwort. Und ich

sagte, Herr ich danke dir. Und um Kartoffeln will ich mich nicht sorgen, das ist jetzt deine Sorge! Das war etwa am Mittwoch oder Donnerstag gewesen. Am Sonntag darauf hatten wir wieder eine Versammlung in der Gemeinde. Es waren diesmal einige Gäste aus Posen herübergekommen, darunter ein gläubiger Ingenieur von der Luftwaffe, der auch zur Gemeinde sprach.

Nach der Versammlung saßen die Gäste bei uns am Kaffeetisch. Der Ingenieur war zum ersten Mal bei uns. Mit einem Mal wandte er sich an mich und fragte ›Frau Pfarrer, sagen Sie bitte, wie steht es eigentlich mit Ihren Kartoffeln?‹ Ich sah ihn ganz erstaunt an und fragte: ›Wie kommen Sie darauf, nach meinen Kartoffeln zu fragen?‹ Damals war diese Frage durchaus nicht üblich. Da sagte er: ›Ich habe von oben den Auftrag bekommen, für Sie zu sorgen.‹

Wir bekamen durch die Luftwaffe vier Zentner Kartoffeln. Aber das war noch nicht alles. Am nächsten Tage kam eine Bekannte vom Lande, um uns zu besuchen. Was brachte sie uns mit? Einen Rucksack voll Kartoffeln. Dann bekamen wir ein Paket per Post von einem benachbarten Landgut, wo unsere Jungen ihre Ferien verbracht hatten. Das Paket enthielt – Kartoffeln! Als nächstes kam ein Sack aus Baden – mit der Bahn quer durch ganz Deutschland gereist – mit Kartoffeln. Es waren außerdem noch andere gute Dinge darin, wie Zucker, Kakao und Äpfel. Aber es fehlten auch die Kartoffeln nicht. Dann brachte uns ein Bauer aus der Gemeinde einen Zentner Kartoffeln. Kurz, die Kartoffeln rieselten von allen Seiten heran und uns blieb nur das Staunen und Danken.

Eines Tages traf ich auf der Straße eine Frau aus der Gemeinde, die klagte mir ihre Not. Ihre Kartoffeln gingen zu Ende. Ich erzählte ihr, was wir erlebt hatten und forderte sie auf, zu uns zu kommen und sich von unserer Fülle zu holen, es wäre genug vorhanden. Als ich nach Hause kam, sagte Walter: ›Während du in der Stadt warst, läutete Pfarrer Hirsch an und sagte, er wolle uns Kartoffeln schicken. Und wie er in Bartschin mit seinem Handwagen mit zwei Sack Kartoffeln zur Bahn fährt, sei ihm eine Frau begegnet und habe ihn gefragt, wohin er mit den Säcken fahre. Da habe er gesagt, ich will Pastor von Holst Kartoffeln schicken, er wird sie sicher brauchen können mit seiner großen Familie. Da habe die Frau gesagt, dann lege ich auch noch einen Zentner dazu.‹ So bekamen wir von dort noch drei Zentner Kartoffeln und waren reichlich versorgt.
Um die wunderbare Durchhilfe Gottes und das Danken nicht zu vergessen, schrieb ich die Kartoffelgeschichte auf, vervielfältigte sie und schenkte sie Walter zum Geburtstag. Bald danach war der Ingenieur von der Luftwaffe wieder bei uns und ich gab ihm eine Kopie mit der Kartoffelgeschichte und sagte: ›Sie haben den Anfang miterlebt, Sie sollen nun auch sehen, wie sie weitergegangen ist.‹ Er steckte das Blatt zu sich und hat bald danach in Posen in einer Versammlung der Gemeinde die Kartoffelgeschichte erzählt. Nach der Stunde kam ein Bauer auf ihn zu und sagte: ›Ihre Kartoffelgeschichte hat mir aber gut gefallen. Ich will mich auch daran beteiligen – mit 10 Zentnern.‹ Wir waren ja reichlich versorgt, aber nun ging diese Kartoffelgeschichte in Posen weiter. Leider kenne ich die Einzelheiten nicht, es sollen aber mehrere Fälle gewesen sein, die ähnlich waren wie der folgende:

Ein Mann hatte die Kartoffelgeschichte in jener Versammlung mitangehört. Einige Zeit danach klagte seine Frau ihm ihr Leid: ›Unsere Kartoffeln gehen zu Ende. An wen sollen wir uns wenden, wer könnte uns wohl aushelfen?‹ Da meinte der Mann: ›Wir wollen uns nicht an Menschen wenden, wir wollen auch Gott um Kartoffeln bitten.‹ Das taten sie und hatten kaum fertig gebetet, als es an der Haustür schellte. Als sie öffneten, stand der Ingenieur von der Luftwaffe mit seinem Auto draußen. Er hatte ihnen einen von den 10 Zentnern Kartoffeln gebracht.

Damals sagten wir uns, um Kartoffeln wollen wir uns nie mehr Sorgen machen. Wir haben es erfahren, dass der Vater im Himmel für seine Kinder sorgt – über Bitten und Verstehen. Wir sind in der Folgezeit manchmal auch ganz ohne Kartoffeln gewesen, haben auch hungern müssen und Mangel gelitten. Hatte der Himmlische Vater nicht mehr die Möglichkeit, für seine Kinder zu sorgen? Doch! Er war und blieb reich. Wenn er uns darben ließ, dann wusste er wohl, warum er es tat. Seine Kinder sollten ihm dennoch vertrauen!«

# Das Kind zum Kaffee einladen?

Aus den im Jahre 1987 handgeschriebenen Erinnerungen an den II. Weltkrieg.

»Als Wolf-Dieter siebzehn Jahre alt war, musste er zum Arbeitsdienst und bald danach wurde er zur Wehrmacht einberufen. Wenn das erste Vögelchen aus einem Nest flügge wird, wenn das erste Kind das Elternhaus verlassen soll, dann halten die Eltern einen Augenblick inne und blicken zurück auf das, was gewesen ist. Sie wissen, so wie bisher, werden sie das Nest nicht mehr beisammen haben. Diese Zeit ist abgeschlossen, es beginnt etwas Neues. Und allerhand Gedanken bewegen die Herzen. Solange die Kinder klein waren, hatte man sie um sich. Man brauchte eines der kleinen Wesen nur auf den Arm zu nehmen, dann umfing man gleichsam mit dem warmen Kinderkörper auch das ganze Sein des Menschleins.

Aber dann wuchsen sie heran. Sie wurden selbständig – was dachten sie? Was bewegte sie? Was machte ihnen Not? Jedes von den Sechsen – ein Leben für sich. War man ihnen auch gerecht geworden? Hatte man sie nicht zu sehr als eine Schar behandelt, war zu wenig auf jedes eingegangen? Ach, es war immer zu wenig Zeit für das Einzelne da! Waren sie zu kurz gekommen?

Eine Pfarrfrau hatte mir einmal erzählt, es wäre ihr bewusst geworden, dass sie sich zu wenig um ihre Kinder hatte kümmern können. Da kam sie auf den Gedanken, ihre drei kleinen Mädchen zu sich zum Kaffee einzuladen. Sie backte einen Kuchen. Zur festgesetzten Stunde standen die drei Mädchen in ihren Sonntagskleidern vor der Wohnungstür und klingelten. Sie waren ganz befangen, bis sie merkten: Wir sollen uns ja nur freuen, dass wir die Mutter mal ganz für uns haben dürfen. Da wurde es ein so schöner Nachmittag, dass sie um baldige Wiederholung baten.

Daran musste ich denken, als der Tag des Abschieds heranrückte. Und ich lud Wolf-Dieter zu mir zum Kaffee ein, backte einen Kuchen und stellte Blumen auf den Tisch. Dann erwartete ich ihn mit klopfendem Herzen. Es sollte ja nicht nur ein gemütliches Kaffeestündchen sein. Mit heranwachsenden Söhnen ist das gar nicht so einfach. Was sage ich ihm? Was kann ich ihm mitgeben? Ich sprang gleichsam über meinen eigenen Schatten und erzählte Wolf-Dieter eine Geschichte, die ich kürzlich gelesen hatte von einem Vater und seinem Sohn, die nichts miteinander zu teilen hatten. Auf einer Schlittenfahrt gerieten sie in große Gefahr. Da fanden sie in ganz neuer Weise wieder zueinander.

Nun kamen wir in ein gutes Gespräch. Es wurde eine Stunde, die beiden unvergesslich blieb und wo wir einander ins Herz blicken durften. Das kleine Neue Testament, das ich ihm zum Abschied mitgab, hat er mir nach fünf Jahren als einziges Stück gezeigt, das er durch den Krieg und die Zeit der Gefangenschaft hindurchgerettet hatte.«

# Regina

Als während des Krieges in Hohensalza wie im übrigen Warthegau die Gemeinde aus einheimischen ›Volksdeutschen‹, baltischen Umsiedlern sowie Rumänien- und Russlanddeutschen und weiteren Zugezogenen aus Ost und West zusammenwuchs, ergaben sich fruchtbare Impulse im kirchlichen Leben.

»Es sollen hier vor allem Gottes Wunder erzählt werden, wie eine Mutter sie erlebte. Aber es darf in diesem Zusammenhang doch ein guter Mensch nicht unerwähnt bleiben, den Gott uns damals ins Haus führte. Es soll daraus kein Menschenlob werden und doch – Gott benutzt Menschen als Werkzeuge, um seine Kinder vorwärts zu bringen. Was wir alle diesem stillen gesegneten Mädchen verdanken, das als Pfarrgehilfin zu uns ins Haus kam, das wird einst die Ewigkeit offenbaren.

Walter hatte bald gemerkt, dass eine Gemeindehelferin nötig wäre, besonders für die Hausbesuche. Der Gemeindekirchenrat sah das nicht ein. So handelte Walter auf eigene Verantwortung. Er erkundigte sich im Kirchenamt in Posen nach Gemeindehelferinnen. Es wurde ihm Regina P. genannt, die gerade die Bibelschule beendet hatte. Er schrieb ihr und fragte an, ob sie nach dem Wort leben wollte: ›Trachtet am ersten nach dem Reich Gottes, dann wird euch alles andere zufallen‹, denn er könne ihr vorerst kein Gehalt anbieten. Er beschrieb die Arbeit, die auf sie wartete und schlug vor, sie könne sozusagen als siebentes Kind bei uns in der Familie wohnen. Regina war einverstanden und kam. Sie war sehr lieblich anzusehen, von einem sanften und völlig selbstlosen Wesen. Walter und ich sind beide lebhaft und eher vorwärts stürmend. Da ergänzten wir uns gut. Sie war in ihrer stillen Art eine feine Seelsorgerin. Sie konnte gut zuhören. Wieviele Frauen und Mädchen kamen zu ihr, um ihr Herz auszuschütten, wie vielen durfte sie den Weg zu Christus weisen und mit welcher Treue und Liebe umsorgte sie die Gemeindeglieder, die ihre Sorgen bei ihr abluden. Eine Beterin von Gottes Gnaden. Wenn wir irgend Zeit fanden und sei es am Abend, wenn ich das Geschirr in der Küche abtrocknete, dann las sie mir vor: Von den Evangelisten Hudson Taylor (China-Inland-Mission), Otto Stockmayer (Heiligungsprediger), Charles Finney (Erweckungen, USA) – welch ein Reichtum kam dadurch in unser Leben. Die Kinder hingen mit großer Liebe an ihrer ›Tante Regina‹. Mir wurde sie eine treue Freundin, mit der ich alles teilte. Für Walter wurde sie eine unentbehrliche Hilfe in der Gemeinde. Bald sah der Gemeindekirchenrat die Notwendigkeit einer Gemeindehelferin ein und die Gehaltsfrage wurde geregelt.

Besonders die in den Warthegau umgesiedelten Frauen bessarabischer Familien fassten ein tiefes Vertrauen zu ihr. Sie erzählten vom Gemeindeleben zu Hause in Bessarabien, von ihren Gebetsstunden. Und da luden wir sie zu so einer Stunde ein. Wir waren ein kleines Häuflein von fünf bis sechs Frauen, die miteinander sangen und beteten. Ein bescheidener Anfang, aber er wuchs. Walter lud die Umsiedler aus seiner Gemeinde zu einer Versammlung ein. Sie kamen in Scharen. Ihr kräftiger vierstimmiger Gesang tönte weit auf die Straße hinaus. Die ›Brüder‹, kernige Bauern, hielten schlichte und herzliche Ansprachen, es wurde gebetet. Zum Gebet knieten sie alle nieder – man merkte, sie fühlten sich wieder zu Hause. Es entstanden Bibelstunden und Gebetskreise für die Jugend und für Ältere. Es wurde lebendig. Nach einiger Zeit fehlte ein besonders treuer Mann. Er hatte einen Hof bekommen und das nahm nun sein ganzes Interesse in Anspruch. Als einige Wochen vergangen waren, fuhr Regina per Rad dorthin. Sie machte ihm keine Vorwürfe und fragte auch nicht, warum er nicht mehr käme. Sie ließ ihn erzählen von einer Erweckungszeit, die Bessarabien gerade erlebt hatte. Da merkte er beim Erzählen, dass er in Gefahr war, das Gefundene zu verlieren. Am nächsten Sonntag zur gewohnten Zeit fuhr ein Pferdewagen vor und der alte Bessarabier mit einer dicken Bibel unterm Arm stieg aus und war wieder da.

Dann veranstalteten wir eine Evangelisation. Der Sprecher war James Rathlef. Jeden Abend vor dem Vortrag versammelte sich der Gebetskreis, um für den Abend zu beten. Die Vorträge wurden gut besucht. Der Evangelist lud herzlich zur Einzelaussprache ein, aber es geschah nichts. Da sprach Rathlef eines Abends zum Gebetskreis. Er wundere sich doch, dass trotz allen Betens kein Mensch in die Sprechstunde käme. Woran das wohl liegen mochte? ›Es ist, als stünde ich in einem hellen Raum und lüde ein, hereinzutreten‹, erklärte er. ›Und nun stehen einige an der Schwelle, andere dahinter in der Dämmerung und manche noch weiter hinten im Dunklen. Kann man erwarten, dass die aus dem Dunkel sich vordrängen, um ins Licht zu kommen? Nein. Zuerst müssen die eintreten, die am nächsten sind, die auf der Schwelle stehen. Dann erst werden die anderen folgen.‹ Das Gericht muss am Hause Gottes anfangen.

Das schlug bei uns ein. Waren wir nicht die nächsten, der Pastor, seine Frau und die Pfarrgehilfin? Standen wir vielleicht den anderen im Weg? Wir überlegten, jeder für sich, was bei uns das Hindernis sein könnte. Ich erinnere mich, dass mir eine Unstimmigkeit mit unseren Nachbarn einfiel sowie irgend etwas, was ich nur brieflich in Ordnung bringen konnte. Jeder von uns ging zu Rathlef und sprach sich aus. Wir durften ins ›helle Licht‹ kommen.
Rathlef war ein Verwandter von Walter und da gibt es immer viel zu erzählen und auszutauschen. Aber nun ließen wir erstmal alle solchen Gespräche und wenn wir uns trafen, zu zweien oder zu vieren, beteten wir für die Abendstunde.

Ich weiß noch gut, wie wir einmal darum baten, es möchte doch nun die Frau H. kommen und sich einmal aussprechen, damit auch sie so richtig froh werden könnte. Und ich dachte, wenn Gottes Geist sie jetzt durch unser Gebet unruhig machte und sie sich auf den Weg begibt, dann müsste sie in etwa zehn Minuten da sein. Nach zehn Minuten läutete die Hausglocke – Frau H. war da. Sie sagte, es habe ihr mit einem Mal keine Ruhe gelassen, sie habe sich aufmachen müssen, um sich auszusprechen. So beteten wir eine nach der anderen herbei und als der Gebetskreis sich vom Herrn hatte zurechtbringen lassen, da fingen die Fernstehenden, die im ›Dunkel‹ verharrten, an zu kommen. Und dann erlebten wir, dass auch die anderen folgten. Es waren gesegnete Tage.

Als Folge dieser Evangelisation entstanden mehrere kleine Bibel- und Gebetskreise. Rathlef hatte vorgeschlagen, kleine Kreise zu bilden, je vier oder fünf, die auch zukünftig über der Bibel zusammenkommen sollten. Je einer aus jedem Kreise kam vorher zu einer Besprechung ins Pfarrhaus und dann sollten die Betreffenden die Leitung in ihrem Kreis übernehmen. Sie brauchten sich nicht zu schämen, dass sie es nicht gut genug machten, denn das nächste Mal kam ein anderer dran. Einmal im Monat kamen alle zusammen zu einer Bibelstunde mit Abendmahlsfeier in der schlichten Form der Herrnhuter Brüdergemeine. Die Seele dieser Kreise war Regina.

Als wir nach fünf Jahren aus Hohensalza flüchten mussten, ging sie zu ihren Eltern nach Halle und trat dort in den Dienst der Stadtmission. Aber als wir im Jahre 1946 in Alt-Ruppin in der Mark Brandenburg Fuß gefasst hatten, da kam sie zu unserer Freude wieder zu uns, um Freud und Leid mit uns in der dortigen Gemeindearbeit zu teilen, bis wir nach zweieinhalb Jahren nach Berlin übersiedelten. Dann ging ihr Herzenswunsch in Erfüllung. Sie trat als Diakonisse in die ›Friedenshort-Schwesternschaft‹ ein. Bis zu ihrer Pensionierung hat Schwester Regina in Berlin-Friedenau ein Haus für gefährdete und gestrandete Mädchen mit großer Autorität und Einfühlung geleitet.«

# Fahrt ins Blaue

> Die Flucht von 1945 als Ausflug zu beschreiben, musste angesichts der bekannten Schrecknisse zynisch wirken. Es waren die Kinder, die die Fahrt ins Ungewisse so nannten. Sie fühlten sich – ähnlich wie ihre Mutter – geborgen.

»Das Weihnachtsfest 1944 in Hohensalza war vorüber. Im Januar erwarteten wir den blinden Evangelisten Karl Fooken mit seiner Frau aus Berlin. Wir waren dabei, alles darauf vorzubereiten, aber in der Luft lag eine Spannung. Der Krieg rückte näher. Gerüchte über Gerüchte schwirrten durch die Stadt. Aber der Alltag forderte sein Recht, das Amt, der Haushalt, die Schule.

Und dann – es war wohl der 19. Januar – hieß es, die Russen sind schon in Bromberg. Viele verließen die Stadt und fuhren gen Westen. Die Alten und Kinderreichen sollten die Stadt gemeinsam verlassen, aber es würde noch Bescheid gegeben. So packte ich für alle Fälle jedem Kind einen Rucksack und dann einige Koffer mit den wichtigsten Sachen: das bißchen Silber, das wir hatten, etwas Bettwäsche und Kleider.

Seit wir die baltische Heimat, damals im November 1939, verlassen hatten, waren wir wie Vögel auf einem Ast und jederzeit bereit weiterzufliegen. Sich von Hohensalza, von der Wohnung und von allem, was zurückbleiben musste, zu trennen, war nicht schwer – irgendwie lockte das Neue, Unbekannte. Wir waren ganz getrost und fröhlich. Fookens hatten sich schon zu uns auf den Weg gemacht, hatten aber umkehren müssen – es wurde kein Zug mehr in Richtung Posen durchgelassen. In der Nacht klopfte es ans Fenster. Irgendein Beauftragter sagte, wir sollten unsere Sachen nehmen und so rasch wie möglich mit den vier Kindern – Hans-Jürgen war inzwischen in ein Wehrertüchtigungslager einberufen worden – zum Bahnhof eilen. Um 2 Uhr morgens würde ein Zug für Mütter und Kinder bereitgestellt. Walter und unsere liebe Gemeindehelferin Regina P. wollten uns zur Bahn begleiten, aber wieder umkehren, um am nächsten Tage noch Alten und Kranken in der Gemeinde zur Flucht zu verhelfen und uns dann zu folgen. Wir verabredeten, bis Frankfurt/Oder vorauszufahren und dort eine Familie, Verwandte von Walter, aufzusuchen. Da würden wir uns treffen und dann weitersehen.

Der Gang durch die verschneite nächtliche Stadt. Vor und hinter uns schweigende Menschen mit Kindern und Gepäck auf ihren Schlitten. Auch wir hatten einen Schlitten, der abwechselnd gezogen wurde. Am Bahnsteig stand ein Zug unter Dampf. Wir hatten Glück, in einem geheizten Abteil unterzukommen. Das war ein großes Geschenk. Denn es herrschte eine bittere Kälte. Wir teilten das Abteil mit unseren Hausnachbarn und den Freunden unserer Kinder. Dann fuhr der Zug in den Wintermorgen hinein.

Als wir in Posen hielten, befiel mich die Sorge um meine alten Eltern, die dort wohnten. Waren sie noch da? Waren sie schon weg? Mutter ging es nicht besonders gut. Wie gerne hätte ich nach ihnen gesehen. Ich konnte die Eltern nur in Gottes Hände befehlen – und mit den Kindern weiterfahren.

Wir haben die Eltern nicht mehr wiedergesehen. Sie hatten sich nicht überreden lassen, als es noch möglich war, die Stadt zu verlassen, und waren in Posen geblieben. Erst im Sommer erfuhren wir, dass sie ihre Wohnung verlassen hatten, als die Kämpfe um Posen tobten. Sie hatten in einem nahen Luftschutzkeller Schutz gesucht. Mutter fror und Vater wollte ihr aus der Wohnung noch eine warme Decke holen. Sie wartete vergeblich. Am Morgen fand sie ihn tot und bestohlen auf dem Hof liegen. Die Wohnung war zerbombt. Er war von einem Granatsplitter getroffen worden. Nun war Mutter ganz allein, alle Bekannten waren weggefahren. Sie wurde bei einer volksdeutschen Familie untergebracht. Tagsüber lag sie, elend wie sie war, auf dem Bett der Eheleute, die zur Arbeit gingen. Sie schnitt der kleinen Tochter Papierpuppen aus und kümmerte sich ums Kind. Nachts lag sie auf dem Fußende der Ehebetten. Ihr Muff war ihr Kissen, der Mantel ihre Decke.

Einmal hatte sie gesagt, das Schlimmste, was sie sich vorstellen könne, wäre, einmal ganz allein zu bleiben. In einer kinderreichen Familie aufgewachsen, selbst Mutter von zehn Kindern, war sie immer umgeben von Geschwistern, Kindern und Enkeln. Und nun – ganz allein bei fremden Menschen, die sie in ihrem einzigen Zimmer duldeten! Ein früheres Gemeindeglied, eine ältere Frau, die auch in Posen geblieben war, traf sie in einem Amt beim Anstehen nach Lebensmittelkarten. Von da an ging sie öfter hin und besuchte sie und brachte ihr was zu essen. Eines Tages kam sie wieder und setzte sich still neben Mutters Bett. Sie schlief. Aber nach einiger Zeit merkte sie, dass sie gar nicht atmete – sie war heimgegangen. Wir erfuhren es erst im folgenden Sommer durch diese Frau, die bald danach Posen verlassen konnte. Mutter hatte ihr noch einen Brief und ihre Bibel für Anke, mit deren Adresse in Hamburg, mitgegeben. Aber beides wurde ihr an der Grenze abgenommen.

Unser Zug fuhr gar nicht über Frankfurt. Für die Kinder war es wie eine Fahrt ins Blaue. Unterwegs auf irgendeiner Station bekamen wir durchs Rote Kreuz etwas Warmes zu essen. Erst in Leipzig hielt der Zug. Es war Nacht. ›Alles aussteigen!‹ Alle waren übermüdet. In irgendeinem unterirdischen Gang des Bahnhofsgebäudes bekamen wir Liegeplätze und konnten erstmal einen warmen Brei essen und dann schlafen. Ich weiß nur noch, dass einer, der wohl für uns Flüchtlinge verantwortlich war, mich fragte, ob wir weiterfahren oder in Leipzig bleiben wollten. Wenn ich jetzt daran zurückdenke, frage ich mich, warum wir nicht zu meiner Schwester Anke nach Hamburg weiterfuhren. Aber sie war ja ausgebombt! Oder war es genug des Reisens? Ich weiß es nicht, ich sagte, wir wollten in Leipzig bleiben. Nachträglich denke ich, es war richtig so. Sollten wir nicht im Osten bleiben, gehörten wir nicht eher dorthin?

Uns wurde eine Wohnung in einem Vorort von Leipzig angeboten. Die Inhaber waren vor den Bomben geflohen und hatten ihre Wohnung zur Verfügung gestellt. Es gab zwei oder drei Zimmer mit Küche. Wir richteten uns ein. Die Kinder gingen in eine nahe Schule.

Wolf-Dieter war in England in Kriegsgefangenschaft, Hans-Jürgen in seinem Wehrausbildungslager, wir wussten nichts von ihm. Günther und die drei Mädel waren bei mir. Von Walter wussten wir nichts – wir lebten wie auf einer stillen Insel. Wir kannten keinen Menschen. Ich hatte das Verzeichnis des Pfarrfrauenbundes mitgenommen. Nun suchte ich die Leipziger Mitglieder heraus und besuchte die eine oder andere. Besonders eine Frau Müller half uns sehr und sorgte rührend für uns.

Anke war der feste Pol für uns. Wir schrieben ihr, denn wie sollten wir sonst erfahren, wo Walter geblieben war? Inzwischen hatte Hans-Jürgen sich zu Anke nach Hamburg durchgeschlagen. Und eines Tages tauchte er bei uns auf – zu unserer großen Freude.

Walter war am 21. Januar mit dem letzten Zuge aus Hohensalza herausgekommen. Sein Zug fuhr nach Neuruppin in der Mark Brandenburg. Regina P. zog es zu ihren Verwandten nach Berlin. Walter meldete sich beim dortigen Superintendenten. Der verschaffte ihm ein Zimmer bei den zwei Inhaberinnen der Löwenapotheke. Tür an Tür mit den beiden wohnte eine Frau Dr. Krüger. Sie lud Walter öfter zum Mittagessen ein. Als er den Suppenlöffel in die Hand nahm, stellte er mit Staunen fest, dass er in seinem Elternhause genau solch einen mit dem gleichen Monogramm gesehen hatte. Nun wurden Forschungen angestellt – und siehe da, Frau Dr. Krüger war eine entfernte Kusine.

Und nun hatte Walter unsere Adresse über Anke bekommen und alles für uns in Neuruppin vorbereitet. Wir brachen unsere Zelte in Leipzig ab und fuhren über Berlin nach Neuruppin. In Berlin mussten wir umsteigen. Berlin war uns total unbekannt. Ich weiß noch, dass wir uns etwas mühsam durchfragten und glücklich waren, als wir endlich im Zuge nach Neuruppin saßen. Und als der Zug durch die Vororte Berlins fuhr, ertönte die Sirene: Alarm! Wir waren ja noch mitten im Kriege. Ein Stoßgebet, dass der Zug weiterfahren möchte und wir nicht auf freier Strecke aussteigen müssten. – Der Zug fuhr weiter, welche Freude! Und dann waren wir in Neuruppin und Walter stand auf dem Bahnsteig – nun war alles wieder gut.«

# Zwei Söhne im Krieg

Wolf-Dieter wurde mit 18 Jahren zum Kriegsdienst eingezogen, Hans-Jürgen mit 16.
Aus Briefen an die Schwester in Hamburg. Ihre Adresse diente nun als Informations- und Anlaufstelle der Familie, besonders während der Flucht nach Neuruppin im Januar 1945.

*Hohensalza, 11. November 1944.* Liebe Anke, es gibt faktisch nichts mehr zu kaufen. Ich glaube, in diesem Jahr wird es zum ersten Mal wirklich kriegsmäßig sein. Aber das schadet wohl nichts, dann wird das, was in Wirklichkeit Weihnachten ausmacht, mehr in den Vordergrund treten. Noch haben wir nichts von Wolf-Dieter gehört. Es sind nun zwei Monate seit der letzten Nachricht vergangen. Natürlich wird der Augenblick, wo der Postbote kommt, jeden Tag mit Spannung erwartet. Zum Glück ist das Warten nicht bitter, ich sage mir immer wieder: Gott wäre es ein Leichtes, uns eine Nachricht zu schicken. Tut er es nicht, so hat er seine bestimmte Absicht damit und die wird doch das Beste für uns sein. Darum wollen wir gerne warten, solange er es für uns bestimmt. Es ist in jedem Fall besser, dass Wolf-Dieter im Westen ist. Ist er dort in Gefangenschaft geraten, so hat er es doch besser, als in Bolschewikenhand. Morgen ist Vereidigung des Volkssturms. Walter und Hans-Jürgen gehören auch dazu. Hans-Jürgen ist jetzt richtig ein großer Junge, er ist auch tüchtig gewachsen und nicht mehr so schmal wie früher. Sein Hauptinteresse ist alles, was mit Elektrizität zusammenhängt.

*Hohensalza, 20.12.1944.* Von Wolf-Dieters Einheit bekamen wir jetzt die Nachricht, dass er bei Sellerich in der Eifel am 19. 9. vermisst ist. Näheres wussten sie nicht.

*Hohensalza, 26.12.1944.* Hans-Jürgen muss wahrscheinlich in den nächsten Tagen in ein Wehrertüchtigungslager. Die Gedanken gingen diesmal besonders viel spazieren und suchten alle Lieben. Wolf-Dieter irgendwo in der Ferne – er war am Weihnachtsabend durch kleine Geschenke vertreten, die er noch aus Holland geschickt hatte.

*Hohensalza, 29. 12. 1944.* Natürlich wanderten die Gedanken vor allem zu Wolf-Dieter. Aber man kann sich so gar nichts vorstellen. Hans-Jürgen ist in ein Wehrertüchtigungslager gefahren bis zum 25. Januar. Es ist sehr schade, dass er, mit dem bisher nie Schwierigkeiten in der Schule waren, in Erwartung seiner baldigen Einberufung so nachgelassen hatte mit dem Lernen, dass er auf dem Zeugnis drei Ungenügend hatte. Es kränkt mich, weil es so unnütz ist. Und wenn er nun zum Reichsarbeitsdienst kommt und im März einberufen wird, dann hat er dies Schuljahr nicht geschafft. Solch ein schlechter Abschluss! Er will nur rasch weg zu den Fliegern. Man kann es ja begreifen, aber kränkend ist es doch. Jetzt sind nur vier Kinder zu Hause. Ein ungewöhnlicher Zustand.

*Hohensalza, 12. 1. 1945.* Dass wir neulich von Wolf-Dieter eine Karte bekamen, schrieb ich Dir wohl schon? Sie war aus englischer Gefangenschaft und kam über Pastor Modersohn aus Bad Blankenburg, da er nicht wusste, wo wir sind. Er hatte nur 'bin gesund' unterstrichen und seine Anschrift angegeben. Wir durften ihm 25 Wörter auf einer beigefügten Karte schreiben. Es scheint, dass er in England ist.

*Feldpost von Hans-Jürgen, 26. 1. 1945.* Liebe Tante Anke, dass ich im Wehrertüchtigungslager bin, hat Mutter Dir wohl schon geschrieben. Wir sollten eigentlich am 25. Januar entlassen werden, aber da kam der große Angriff im Osten und wir mussten unsere Sachen packen und marschierten in Richtung Westen, immer zu Fuß, täglich 20 bis 35 km. Bis jetzt haben wir in fünf Tagen ungefähr 130 km zurückgelegt. Es geht, so viel ich weiß, nach Frankfurt/Oder. Die feste Adresse weiß ich noch nicht. Vielleicht werden wir am 30. 1. entlassen. Es grüßt Dich
Dein Hans-Jürgen

*Neuruppin, 2. 3. 1945.* Hans-Jürgen erwartet seine Einberufung zur Wehrmacht. Er ist doch noch recht müde und schläft viel. Das ist ja gut. Ein 16-jähriger Soldat, mehr Kind als Mann!

*Neuruppin, 16. 3. 1945.* Heute kam eine Karte von Hans-Jürgen. Er ist in einer Panzernahkampfbrigade in Körris über Königswusterhausen, Lager Seeland, Baracke 9. Er meint, die, die wie er schon im Wehrertüchtigungslager ausgebildet wurden, würden bald wegkommen. Sie sind nach Gauen eingeteilt. Aus dem Warthegau kommen nur 11 Mann. Die Karte ist eine Woche lang unterwegs gewesen.

*Feldpost von Hans-Jürgen, 25. 3. 1945.* Liebe Tante Anke, Am 8. März wurde ich einberufen. Vorher habe ich mich freiwillig gemeldet, weil uns gesagt wurde, dass wir dann zur Panzernahkampfbrigade kommen und gleich an die

Front, um den Warthegau wiederzuerobern. Jetzt müssen wir bei Alarm wieder in den Splittergraben gehen, auch in der Nacht. Oft fliegen sie über uns weg. Neulich wurden wir sogar beschossen. Ich lese täglich die Andacht und das gibt mir viel Kraft und Verbindung mit Euch!

*Neuruppin, 10. 4. 1945.* Von Hans-Jürgen haben wir auch Briefe gehabt. Leider erreicht ihn unsere Post nicht.

Unmittelbar nach Ende der Kriegshandlungen wurde Walter von Holst als Pfarrer in Alt-Ruppin eingesetzt. Die Familie zog in das Pfarrhaus ein, das bald von Flüchtlingen überfüllt wurde. Aus dem Tagebuch über die Zeit nach der Kapitulation 1945:

»Der Herbst zog ins Land. Eines Abends, es war ein Sonnabend, war ich mit den Kindern dabei, den Platz vor dem Pfarrhaus in Alt-Ruppin sauber zu machen. Wir harkten das Herbstlaub zusammen. Da hörte ich unsere Gartenpforte quietschen und beim Aufblicken sah ich, wie ein kleiner Soldat – so sah er aus – unseren Vorplatz betrat. Ich blickte auf und wollte meinen Augen kaum trauen – konnte das möglich sein? Ja, wahrhaftig – es war Hans-Jürgen! Ein Jubel, eine Freude! Wir hatten ihn wieder.

Er war mit seiner Truppe in den Rückzug der deutschen Wehrmacht hineingeraten, ein Querschläger hatte ihn gestreift. Er hätte ihn ins Herz getroffen, wenn er nicht an seiner Brieftasche abgeglitten wäre – verwundet blieb er liegen. Er hat es uns später erzählt. Damals hat er gebetet: 'Wenn du mich in ein Lazarett bringen lässt und ich noch mal nach Hause darf, will ich dir mein Leben schenken und dir dienen.' Und er wurde aufgelesen und kam in ein

Lazarett. Als die Russen den Ort einnahmen, erklärten sie, Kinder nähmen sie nicht gefangen. Nach einigen Monaten wurde er entlassen und kam nach Hause. Nun durfte er wieder Kind im Elternhaus sein und mit Günther täglich nach Neuruppin zur Schule wandern.«

# Die Raben des Elias

Von der großen Not und dem Hunger der Nachkriegszeit gibt es viele Zeugnisse.
In diesem Bericht aus der sowjetischen Besatzungszone wird deutlich, daß die Familie sich dem verbreiteten ›Organisieren‹ von Lebensmitteln aus Gewissensgründen nicht anschließen wollte.

»In jener schweren Zeit nach dem Kriege – und noch nicht im Frieden – haben wohl die meisten in unserem Volk den Hunger kennengelernt. Und doch durften es gerade damals viele erfahren, wie Gott für seine Kinder sorgt. Rückblickend wird kaum jemand diese schweren Zeiten missen und streichen wollen, denn es waren besondere Segenszeiten. Die ›Eliasraben‹ (1.Kön.17,4-6) waren damals eine sehr bekannte Erscheinung. Manche haben darüber sogar Buch geführt und mit Staunen und Dank festgestellt, wie treu Gott sie mit den so notwendigen Lebensmitteln versorgte, oft auf unerwartete und wunderbare Weise, fast wie in der alttestamentlichen Geschichte des Propheten Elia, dem ein Rabe auf Gottes Geheiß Brot und Fleisch brachte.

Eines Abends, es war in Alt-Ruppin, saßen wir beim Abendbrot. Es war so wenig da, keiner war annähernd satt. Wir hatten uns am Nachmittag darüber unterhalten, ob Walter bei dem nächsten Besuch in einem zur Kirchengemeinde gehörigen Dorf die Bauern bitten dürfte, ihm etwas Kartoffeln, Brot oder Getreide zu verkaufen. Aber es war uns klar geworden, dass er das nicht dürfte. Damals wurde das als Bettelei angesehen. Das Geld spielte für die

Bauern keine Rolle, die Wucherpreise, die die Hamsterer aus Berlin zahlten, kamen für uns nicht in Frage. Wir hofften im Stillen, die Bauern würden Walter bei seinem Besuch etwas Brot oder Kartoffeln schenken, wir beteten darum, denn wir waren alle hungrig. Und dann kam er heim von seinem Besuch – mit leeren Händen.

Und nun saßen wir um den Tisch und wussten und sahen, wie gerne jedes noch weiter gegessen hätte – aber es war nichts mehr da. Mit einem Mal klingelte es, ich saß am nächsten zur Tür und stand auf, um sie zu öffnen. Draußen stand ein alter Mann mit langem weißem Bart, ein rechter Weihnachtsmann. Er nestelte an seinem Rucksack, holte ein großes Russenbrot hervor und gab es mir. Ich traute meinen Augen kaum, der Mann war mir fremd. ›Von wem ist denn das Brot?‹, fragte ich und hoffte, dadurch seinen Namen zu erfahren. ›Das ist vom Vater im Himmel‹, lautete die Anwort. Damit nickte er mir freundlich zu, schwang sich auf sein Rad und fuhr aus dem Hof. Erst später erfuhren wir, dass er ein feiner alter Baptistenbruder war, der bei den russischen Besatzungstruppen arbeitete. Sie gaben ihm manchmal ein Brot aus Militärbeständen mit, das er dann seiner Tochter brachte. Dieses Mal war es ihm unterwegs wie ein innerer Befehl gewesen: Bring das Brot ins Pfarrhaus!

Walter erkrankte an einer Magenschleimhautentzündung und musste Diät halten. Der Arzt hatte alles genau vorgeschrieben: Täglich zwei Eier, Butter, Milch – wo sollte das alles herkommen? Aber es kam. Immer wieder von anderer Seite. Täglich flogen die Eliasraben, täglich waren die zwei Eier da. Walter fing an, Buch darüber zu führen, es ging

durch Wochen. Eines Tages waren die Eier zu Ende und es kamen keine mehr. ›Vielleicht brauche ich die Diät nicht mehr‹, meinte Walter. Und wirklich, der Arzt stellte fest, die Eier seien nicht mehr nötig.
Der Herr sorgte, aber er hielt uns knapp. Im Jahr 1946 haben wir vom 18. April bis zum Oktober jeden Abend ›Spinat‹ gegessen. Gleich nach dem Mittag mussten alle Kinder im Garten Grünes sammeln: Melde, Nesseln, Giersch, Kleeblätter und was einem sonst zwischen die Finger kam. Ein großer Topf voll wurde gekocht. Wenn es hoch kam, gab es ein paar Kartoffeln dazu. Die Kinder behaupteten, auch Tannennadeln kämen im Spinat vor. Jedenfalls versuchten wir es auch mit Himbeer- und Erdbeerblättern. Eine magere eintönige Kost, aber war das nicht auch ein Gotteswunder, dass die Kinder nicht elend und blass wurden? Sie gediehen. Gott segnete das Wenige.

Eins durften wir damals lernen: Wer bereit war, vom wenigen abzugeben, der wurde daran nicht arm. Gott ersetzte es ihm reichlich. Wie oft hat uns eine Hausgenossin darin beschämt. Außer uns wohnten noch verschiedene Parteien von Flüchtlingen im alten Pfarrhause. Es war nicht immer ganz einfach, in der einen Küche zurechtzukommen. An der Freigebigkeit der Frau Froschauer, die doch ein ganzes Weltkind war, konnten wir wirklich unsere Studien machen. Sie gab mit vollen Händen – und bekam immer, was sie brauchte.«

## Wieder die Zelte abbrechen

Im Jahre 1947 wurde die Lage in der sowjetischen Besatzungszone für die Familie erneut bedrohlich. Ohne seiner Gemeinde die wahren Gründe angeben zu können, wurde Pfarrer von Holst nach West-Berlin abberufen. Hans-Jürgen und Günther schlichen sich über die Grenze in die englische Zone, um in Schleswig-Holstein weiter zur Schule zu gehen.

»Als wir zweieinhalb Jahre in Alt-Ruppin gelebt hatten, wo Walter Pfarrer war, galt es wieder einmal, die Zelte abzubrechen. Es kam jemand vom Konsistorium in Berlin und warnte uns mit dem dringenden Rat, die sowjetisch besetzte Zone schnell zu verlassen. Es hieß, die Russen würden alle Baltendeutschen nach Russland zurückbringen. Rückführungstransporte von Balten und Russlanddeutschen hatte es schon gegeben und niemand erfuhr damals, wo sie endeten. Sollten wir aus persönlichen Sicherheitsgründen nach West-Berlin übersiedeln? Wir nahmen die Gelegenheit wahr, schon um der Schule der Kinder wegen. Die Töchter besuchten die Volksschule in Alt-Ruppin. Die Söhne machten täglich einen Sechskilometer-Fußweg ins Gymnasium nach Neuruppin. Bei dem knappen Essen war das eine große Anstrengung. Wir entschlossen uns, Hans-Jürgen und Günther sofort ins Carl-Hunnius-Internat nach Wyk auf Föhr zu schicken, wo sie eine besonders gute christliche Erziehung erhalten würden. Sie mussten dafür aus der sowjetischen Besatzungszone auf illegale Weise ›schwarz‹ über die Grenze in die Britische Zone gelangen. So nahmen wir Abschied von der Gemeinde und zogen nach Berlin. Wir bekamen in West-Berlin – damals konnte man ungehindert die Besatzungssektoren der völlig zerstörten alten Reichshauptstadt wechseln – keine Wohnung, wurden zuerst vom Missionsheim in der Finckensteinallee freundlich aufgenommen und zogen dann ins halb zerstörte Mathilda-Wrede-Heim, ein Altersheim des Baltischen Roten Kreuzes in Lichterfelde. Dort konnten wir als Familie in zwei benachbarten Zimmern des Erdgeschosses unterkommen. Es war sehr eng. Im Flur stand unser Esstisch. Wenn der alte Zimmernachbar durch den Korridor kam – da waren noch mehrere Zimmer mit Heiminsassen – mussten wir aufstehen, um ihn an unserem Tisch vorbeigehen zu lassen. Hier wurden wir vom Heim aus beköstigt.

Im August 1948 kehrte Wolf-Dieter aus vierjähriger englischer Kriegsgefangenschaft heim und setzte sein im YMCA-Studienlager Norton Camp begonnenes Theologiestudium an der Kirchlichen Hochschule in Zehlendorf und später in Göttingen fort. Wie gerne hätten wir zu Weihnachten wieder einmal alle sechs Kinder bei uns gehabt. Die Brüder hatten sich nach der langen Trennung noch gar nicht wiedergesehen. Aber die Zonengrenze lag dazwischen. Wir wagten nicht, die Jungen zu überreden, heimlich herüberzukommen, stellten es ihnen aber frei. Am 15. Dezember bekamen wir ein Telegramm: ›Bitte ab 16. um Fürbitte‹. Da wussten wir, am 16. Dezember machten die Jungen sich auf den nicht ungefährlichen Weg. Unsere Gebete begleiteten sie. Wir rechneten aus, dass sie am 17. an der von Rotarmisten bewachten Grenze sein müssten. Das Losungswort der Herrnhuter Brüdergemeine für diesen Tag lautete: ›Fürchte dich nicht, denn dein Gebet ist erhört.‹ Da wurden wir sehr getrost und froh, nahmen diese Verheißung für unsere Söhne an und rechneten fest mit ihr. Die Jungen, zusammen mit neun weiteren Wyker Internatsschülern, die zu den Feiertagen in die Ostzone strebten, erreichten tatsächlich am 17. die Grenze. Es war Nacht, der Vollmond schien, sie hatten 23 km zu Fuß zurückzulegen. In langer Kette zogen sie vorsichtig durch den Grenzwald. Unsere beiden hatten die Tageslosung auch gelesen und sich darüber gefreut. Als sie sich – bereits auf östlicher Seite angelangt – gerade in einem Straßengraben mit ein paar Butterbroten stärkten, warf sich der erste erschreckt in Deckung, so dass alle sich gleichzeitig duckten und den Atem anhielten. Oben auf dem Asphalt näherten sich gestiefelte Schritte. In diesem kritischen Augenblick zog eine dunkle Wolke vor den Mond. Die russische Streife ging wie blind dicht an der danebenliegenden großen Gruppe vorüber und bemerkte sie nicht. Nach kurzer Besinnung zogen die Schüler weiter. Plötzlich stand am nächsten Dorfrand ein Volkspolizist vor ihnen. Er ließ sich ihre Papiere zeigen und den Sinn dieses nächtlichen Aufmarsches erklären. Erst überlegte er und meinte, er müsse sie festnehmen und abliefern. Unsere Jungen müssen Gott im Innern sein heutiges Versprechen vorgehalten haben. Denn nun sah der schwer Bewaffnete die sehr jungen Leute, die ja nur zu Weihnachten zu den Eltern wollten, an, reichte ihnen plötzlich alle Ausweise zurück und meinte freundlich gestimmt: ›Zieht los, ich habe euch nicht gesehen – und ihr mich auch nicht!‹ Dann riet er ihnen noch zu einem sicheren Umweg um das nächste bewachte Dorf, machte eine Handbewegung und ließ die kleine Schar ziehen. Erleichtert und dankbar setzten sie ihren Weg fort.

Und noch ein drittes Mal sollten sie erleben, wie Gott sein Wort hält. Sie saßen bereits im Zuge nach Berlin. Auf dem Bahnhof Potsdam hieß es dröhnend: ›Alles aussteigen, Kontrolle!‹ Nun wurden die Reisenden stichprobenweise vorgenommen. Ein Mann in der Reihe vor Hans-Jürgen und Günther musste seinen Ausweis vorlegen und sein Gepäck öffnen. Ungehindert durften die Brüder passieren. Ihre westdeutschen Ausweise und der fehlende Interzonenpass sowie die Rucksäcke voller Lebensmittel für die Ferientage wären ein gefundener Unrechtsbeweis für die Volkspolizei geworden. Aber Gott hatte seine Hand über sie gehalten.

So kamen sie sogar früher an, als wir sie erwartet hatten und unsere Freude war unbeschreiblich. Trotz der Engigkeit in unserem Korridor, der Kälte und Dunkelheit – damals wurden abendliche Stromsperren durchgeführt – es war der Winter der Berlin-Blockade und der Luftbrücke 1948/49 – wurde es eine unsäglich schöne und frohe Weihnachtszeit. Wir haben wieder, wie in allen gemeinsamen Jahren, vierstimmig gesungen und es wurde mit Geigen und Cello musiziert, wie früher zu Weihnachten, ein erstes beglückendes Zueinanderfinden nach Ende des Krieges. Wie dankbar waren wir für diese Ferienwochen. Damals ahnten wir nicht, dass es das letzte Mal sein würde, dass unser Nest voll war.«

# In der Stille der Nacht

Reisen zwischen den Besatzungszonen waren beschwerlich. Man musste einen Interzonenpass beantragen. In einer Notlage, die schnelles Handeln erforderte, ging auch Margarete von Holst das Risiko des illegalen Grenzübertritts ein. Anfang Mai 1949 brach sie von West-Berlin aus auf.

»Die staubige Landstraße entlang schleppe ich mich auf müden Füßen. Es ist Nacht, kein Mensch weit und breit zu sehen. Der Mond scheint. Irgendwo in der Ferne schlägt ein Hund an. Der Weg führt durch ein schlafendes Dorf. Hinter einem erleuchteten Fenster schreit ein Säugling. Mit einem Mal überfällt ein Gefühl grenzenloser Verlassenheit mein Herz. Alle schlafen geborgen in ihren Häusern, nur ich bin allein auf der Straße.

Das Telegramm knisterte in der Tasche, das mich ans Lager meines erkrankten Sohnes Hans-Jürgen rief. Ich war schwarz über die Zonengrenze in ›den Westen‹ gegangen.

Im östlichen Personenzuge hatte ich mich nach anderen Grenzgängern umgesehen, hatte aber keine gefunden. Die Reisenden warnten, es sei nicht möglich, hinüber zu gelangen, die Bewachung sei viel zu streng. Aber was wäre imstande, eine Mutter aufzuhalten, die zu ihrem sterbenden Kinde eilt? Ich war ausgestiegen und durch die Bahnhofssperre gegangen. Der Volkspolizist, der die Ausweise zu sehen verlangte, hatte mich anscheinend übersehen. Ich hatte getan, als ginge seine Aufforderung mich nichts an und war rasch an ihm vorübergegangen. Dann war ich auf der Landstraße entlang gewandert, durch ein Dorf und noch ein Dorf. Einzelne Grenzpolizisten zu Fuß und auf dem Fahrrad waren mir begegnet, aber keiner hatte mich angehalten.

Dann hatte ich das kleine östliche Grenzdorf erreicht. Ich ging am ersten Gehöft vorbei. Männerstimmen drangen heraus – es war der Volkspolizeiposten, wie ich später erfuhr. Im letzten Bauernhof kehrte ich ein. Einige Kinder waren in der Stube. Sie hörten sich meine Geschichte an. Dieses Gehöft stieß mit seinen Feldern wirklich an die Grenze, aber Polizei sei gerade auf der Wiese, sagten sie. Die Kinder verbargen mich in einer anstoßenden Kammer. Mit einem Mal stürzte das etwa fünfzehnjährige Mädchen herein und verriegelte die Tür von innen. Vor der Tür hörte man Männerstimmen. ›Der Vater soll kommen!‹ rief das Mädchen durch die Tür, ›der Vater allein, aber nicht der Erich.‹ – ›Warum denn nicht der Erich?‹ klang es von draußen. Aber das Mädchen rief immerzu aufgeregt ›Nein, nein, nur der Vater!‹ Dann öffnete sie die Tür und der Bauer trat ein. Auch er ließ sich meine verwegene Reise erzählen. ›Haben Sie Zigaretten mit?‹ war seine einzige Frage. Zigaretten waren 1949 eine wertvolle Währung. Ich kramte in meiner Handtasche herum. Im letzten Augenblick vor dem überstürzten Aufbruch aus Berlin hatte ich eine Handvoll Zigaretten für solche Fälle eingesteckt. Ich breitete sie vor dem Bauern auf dem Tisch aus. ›Das wird reichen‹, meinte er und ging zur Tür. Zwei Volkspolizisten mit geschultertem Gewehr traten sofort ein. Sie musterten mich mit durchdringenden Blicken, hörten sich die Erklärung des Hausherrn an, legten mit bedeutungsvoller Miene den Finger auf

den Mund und verließen stumm das Stübchen.
›Aber nun schnell!‹, rief der Bauer seinen Kindern zu. Sie ergriffen mein Köfferchen und liefen voraus. Es ging über eine feuchte Wiese bis zum Grenzbach. Über einen glitschigen Balken balancierte ich hinüber – und schon war es geschafft! Ich war im Westen. Die Kinder sprangen fröhlich zurück, ihrem Elternhause zu.

Ich war durch ein Wäldchen auf das angekündigte Dorf gestoßen und dann Stunde um Stunde auf der einsamen Landstraße weitergewandert. Ich wollte den Frühzug der Bahnlinie erreichen, die durch die Zonengrenze unterbrochen war, aber es war noch viel Zeit bis dahin. Vor Müdigkeit hätte ich gut einige Stunden schlafen können. Aber hier war ich fremd und ich getraute mich nicht, zu nächtlicher Stunde irgendwo anzuklopfen.

Ich fühle mich sehr verlassen. Nur einen Augenblick lang halte ich inne und stelle das Köfferchen ab, um mich auszuruhen. Da tönt mit einem Mal ein unerwartet süßer Klang an mein Ohr. Ich horche auf – es ist eine Nachtigall. Vorsichtig gehe ich dem Klang nach und stehe bald an einer Friedhofsmauer. Der Mond bescheint das alte Dorfkirchlein. Im Gebüsch davor schlägt die Nachtigall. Ihr Gesang füllt den ganzen weiten Raum der Nacht.

Und mit einem Mal weiß ich: das Lob Gottes darf nicht verstummen in der Nacht, auch nicht in der Nacht des Leides. Ich bin nicht verlassen, es ist einer bei mir, der mich unsichtbar über die Grenze geleitet hat und der nun das Herz still und getrost macht. Und mit neuem Mut setze ich  meinen Weg fort.

Noch oft habe ich daran denken müssen: ›Das Lob Gottes darf nicht verstummen in der Nacht.‹ Als ich am Bett meines sterbenskranken Jungen stand und seine strahlenden Augen sah, die vom Glanz der Ewigkeit gefüllt waren, den er schaute, da war es, als verschlänge die Freude alles Leid, eine Freude, die nicht von dieser Welt war.

Wenige Tage noch durfte ich bei meinem Kinde sein und es bis an das Tor der Ewigkeit begleiten. Wie als kleines Kind an der Tür zum Weihnachtszimmer, so lag er da, voller Freude und Erwartung. Sonst hatten der Vater und ich die Tür zum Weihnachtszimmer aufgemacht und uns am Widerschein der Weihnachtskerzen in den Kinderaugen gefreut. Jetzt tat ein anderer ihm die Türe auf. Ich sah, wie er aus tiefer Bewusstlosigkeit noch einmal die Augen öffnete und den Kopf ein wenig wandte. Und nun das freudige Staunen, das über seine Züge glitt. Dann schloss sich die Tür zwischen meinem Kinde und mir. Hinter dieser Grenze blieb ich zurück.

Aber er war daheim bei seinem Herrn. Nun durfte er in den Lobgesang der vollendeten Gemeinde einstimmen. Und sein letzter Wunsch sollte gelten: ›Nicht weinen, nicht trauern, nur Freude, Freude, Freude!‹ Der Lobgesang in der Nacht sollte nicht verstummen.«

## Zwischen Ost und West

Diese Zeilen lesen sich so, als seien sie als Zeitungsleserbrief gedacht. Es ist ein Notruf, wie ihn die Psalmsänger des Alten Testaments oft an Gott gerichtet haben.

»Wir wohnten im Westsektor Berlins. Walter arbeitete vorübergehend im Ostsektor. Daher bekam er sein Gehalt nur in Ostgeld. Da der Dienst am 1. Juli 1949 begann, hatte er nicht die Möglichkeit – wie sonst üblich – 60% seines Gehalts im Verhältnis 1:1 umzutauschen. Wäre er am 30. Juni eingestellt worden, dann wäre das möglich gewesen. Wenn er das Geld nach dem laufenden Kurs eintauschte, erhielt er 1/6 seines Gehaltes. Davon konnten wir mit fünf Kindern nicht existieren. Da die Arbeit vorübergehend war, konnten wir nicht in den Ostsektor ziehen. Der Umzug wäre zu teuer gewesen. Und woher sollten wir eine Wohnung nehmen? Walter tat seine Arbeit wie jeder andere seines Berufs nach bestem Vermögen. Aber er konnte von seinen laufenden Ausgaben nur 1/6 decken.

Die zuständigen Behörden bemühten sich, einen Ausgleich zu schaffen, aber bisher hatte es nicht geklappt. Wenn wir anfragten, wie unsere Sachen stünden, hieß es, die Anträge liefen. Wir sollten uns gedulden. Wir bekämen Bescheid. Es war jetzt der fünfte Monat und es hatte sich noch nichts geändert. Es steckte keine Schikane dahinter. Die Beamten waren freundlich und zuvorkommend, aber ihre Macht war beschränkt. Es ging den Instanzenweg.

Einmal hieß es, ›der Gewaltige‹ habe ›mit dem Kopf genickt‹, also sei Aussicht vorhanden, dass der Antrag auf Umtausch genehmigt werde. Aber dann vergingen wieder Wochen und es änderte sich nichts. Wer ist ›der Gewaltige‹? Ist es ein Mensch? Ist es der Buchstabe des Gesetzes? Ich stellte mir vor, dass es so eine Art Buddha ist, ein blutleeres Etwas, kalt und sachlich, das mit geschlossenen Augen auf einem fernen Thron saß, unnahbar und ohne Rücksicht. Etwa wie das Gesetz der Perser und Meder zur Zeit des Propheten Daniel, das ihn in die Löwengrube beförderte, ohne dass der König etwas dagegen ausrichten, es ändern oder aufhalten konnte, nachdem es einmal unterschrieben war.

Ist das Gesetz stärker als der Mensch? War es nicht ursprünglich um der Menschen willen gegeben, um ihnen zu helfen, ihr Leben zu ordnen? Wodurch ist es zum Tyrannen geworden, das das Leben der Menschen, unser Leben, knechtete und fast unmöglich machte?

Aber für uns war dieses ›Gesetz‹ oder wie man diese unwirkliche Gestalt, diesen ›Gewaltigen‹, nennen mochte, nicht die letzte Instanz. Wir sagten uns, wir lassen den Mut nicht sinken, wir werden leben! Die letzte Instanz ist nicht ein blutleeres Etwas. Die letzte Instanz ist Gott, auf ihn dürfen wir blicken – über alle menschlichen Unmöglichkeiten hinweg. Er kann helfen. Zwar heißt es auch: ›Die Ungerechtigkeit wird zunehmen und die Liebe wird in vielen erkalten‹ – in vielen, aber nicht in allen!«
Völlig unerwartet erhielt die große Familie im August 1950 eine Fünfzimmerwohnung im Ostsektor.

# Vor kommunistischen Wahlen

Briefe aus dem Westen wurden vor dem Mauerbau aus Sicherheitsgründen an die westberliner Adresse eines Bruders von Margarete von Holst geschickt. Dort hat sie sie abgeholt. Und dort beantwortete sie zumeist auch gleich Fragen nach ihrem Leben in der DDR. Dieser Bericht stammt aus einem solchen Brief an die Söhne im Jahre 1957.

»Im Frühjahr, als wieder einmal Wahlen bevorstanden, besuchten Funktionäre die einzelnen Familien jeden Hauses, um sie zu vorbereitenden Hausversammlungen einzuladen. Eines Tages standen zwei Herren vor unserer Haustür. Ich war allein zu Hause. Nach Möglichkeit soll man sie nicht allein empfangen, um einen Zeugen beim Gespräch dabeizuhaben. Aber ich konnte sie nicht gut abweisen, so bat ich sie herein. Sie waren beides studierte Männer, Lehrer oder Assistenten an der Planökonomie, einer Wirtschaftshochschule in Berlin-Karlshorst. Sie erklärten, es würde in der nächsten Woche in unserem Hof eine Hausversammlung stattfinden, ob wir daran teilnehmen würden? Ich sagte vorsichtig, ich nähme es zur Kenntnis. Aber dann erschien mir das feige und ich sagte, ich wollte lieber alle meine Karten aufdecken, auch auf die Gefahr hin, dass sie Spitzel wären: ›Wir nehmen nicht an der Versammlung teil, wir werden auch nicht wählen.‹ ›Warum nicht?‹ ›Wir haben eine andere Weltanschauung als Sie, wir sind keine Kommunisten, wir haben einen anderen Herrn über uns.‹ Nun versuchten die beiden, mich mit ihren kommunistischen Schlagworten von der Richtigkeit ihres Marxismus zu überzeugen. Ich sagte, ich wäre leider zu wenig geschult im Marxismus, um mich auf eine Debatte einzulassen. Jeder von uns versuchte, das Gespräch in die ihm vertrauten Bahnen zu lenken. Schließlich fragte ich, ob sie an Gott glaubten. Beide verneinten es. ›Aber wir achten den Glauben bei anderen und für alte Frauen ist es gewiss ein Trost vor dem Sterben, denn nach dem Tod ist ja doch alles aus.‹ ›Nein‹, sagte ich, ›es ist nicht nur ein Trost für alte Frauen, sondern eine Kraft zum Leben und zum Sterben, auch für junge Menschen. Darf ich Ihnen erzählen, wie es meinem Sohn damit gegangen ist?

Hans-Jürgen war 16 Jahre alt, da wurde er ganz am Ende des Krieges noch einberufen. Als ganz junger Soldat zog er davon und geriet bald in das Schlamassel des Rückzuges. Verwundet blieb er irgendwo liegen. Da betete er: ›Herr, wenn du mich von hier in ein Lazarett schaffen lässt und ich noch einmal nach Hause darf, dann will ich dir mein Leben schenken und dir dienen.‹ Und es geschah wirklich, dass er in ein Lazarett gebracht wurde und nach zwei Monaten nach Hause kam. Das war eine große Freude für uns alle. Nun durfte er wieder Kind im Hause sein und die Schule besuchen. Aber sein Versprechen hatte er vergessen. Von Zeit zu Zeit erinnerte Gott ihn daran. Dann meinte Hans-Jürgen, es ist doch alles in Ordnung. Ich gehe zur Kirche, ich lese in der Bibel, ich besuche sogar die Bibelstunden. Was soll ich denn noch? Und er schob die leise Mahnung beiseite. So verging ein ganzes Jahr. Da wurde eines Abends in der Bibelstunde über das Wort gesprochen: Siehe ich stehe vor der Tür und klopfe an (Offb. 3,20) und es wurde gesagt, wenn Jesus anklopfe und man meinte, es passe jetzt nicht, könne es auch mal ein Zuspät geben. Dies Wort traf Hans-Jürgen. Er merkte: Das gilt mir. Und er sagte sich: Nun will ich es nicht mehr aufschieben. Er beschloss, am nächsten Sonntag, wenn ich den Ofen in der Kirche geheizt habe, dann soll es sein, dann bin ich allein und ungestört. Dann kam der Sonntag und er ging ganz früh in die Kirche und heizte den Ofen. Und dann stand er da. Ja, was sollte denn sein? Er war sehr wortkarg und nüchtern. Er hat es uns später erzählt. Er sagte zu Gott: ›Ich weiß nicht, was ich soll. Wenn du etwas von mir willst, dann musst du es tun.‹ Da war es, als zwinge eine Macht von oben ihn in die Knie und er konnte sagen: ›Komm, o mein Heiland Jesus Christ, meines Herzens Tür dir offen ist.‹ Das war alles. Er kam dann nach Hause. Es war mein Geburtstag, der 24. November 1946. Und dieser Tag verging und wurde gefeiert, wie es eben so üblich ist. Aber am Abend vor dem Schlafengehen kam er auf mich zu und sagte etwas verlegen: ›Mutter, ich muss dir noch etwas sagen. Heute habe ich mein Herz dem Herrn Jesus geschenkt.‹ Und wie er das sagte, strahlten seine Augen. Es konnte nicht verborgen bleiben. Er war ein anderer geworden.

Einige Zeit danach zogen wir nach Berlin und schickten Hans-Jürgen in ein christliches Internat in Schleswig-Holstein. Er fühlte sich sehr wohl dort und schrieb frohe Briefe. Im Jahr 1949 war er zu Ostern in ein Bauernhaus eingeladen. Er schrieb, er habe ein schönes Osterfest verbracht, sich dem dortigen Kirchenchor angeschlossen und am Ostersonntag bei Alten und Kranken gesungen: ›Eine alte Frau lag im Sterben, aber es war solch ein Frieden über ihrem Gesicht, dass wir alle tief ergriffen waren. Das war mein schönstes Ostererlebnis.‹ Im Brief lag noch ein Zettelchen, mit Bleistift geschrieben: ›Leider habe ich Bauchschmerzen und kann all die guten Sachen nicht genießen. Gleich kommt das Auto, das mich nach Flensburg ins Krankenhaus bringt. Der Arzt war da, es ist eine Blinddarmentzündung.‹ Aber eines Tages erreichte uns ein Telegramm, es sei eine Bauchfellentzündung entstanden, er hätte nochmals operiert werden müssen und es stehe sehr ernst. Wir eilten an sein Krankenbett. Er lag in einem Einzelzimmer. Man sah gleich: ein Schwerkranker. Aber über seinem Gesicht lag ein Leuchten und er flüsterte: ›Nicht weinen, nicht trauern, nur Freude, Freude. Ich habe etwas von der Herrlichkeit Gottes gesehen, das war so wunderbar, dass ich lieber heimgehen als noch länger hier leben möchte.‹ Da sagte mein Mann zu ihm: ›Aber Hans-Jürgen, wenn es Gottes Wille ist, dass du noch länger lebst, dann musst du auch dazu ja sagen.‹ – ›Ja, aber dann nur noch zu Gottes Ehre‹ war die Antwort. Er war wie ein Kind, das vor dem Weihnachtszimmer wartet, wenn sich die Tür zu all dem Glanz auftut. Als die Kinder klein waren, liebte ich es, im Weihnachtszimmer die Kerzen am Baum anzuzünden, während der Vater mit den Kindern im dunklen Zimmer vor der Tür Weihnachtslieder sang. Wenn dann die Tür sich auftat, spiegelte sich der Glanz der Kerzen in den strahlenden Kinderaugen wider. Daran musste ich an diesem Krankenbett denken. Eines Abends ging es zu Ende. Er versank in Bewusstlosigkeit. Mit einem Mal öffnete er die Augen und ein Leuchten ging über sein Gesicht. Da wusste ich, jetzt hat die Tür sich aufgetan. Aber in der Tür stand nicht der kalte Tod, sondern der lebendige Herr. Und in seine Hände durften wir getrost unseren Jungen geben.‹

**Margarete von Holst**

mit ihren sechs Kindern

– Wesenberg 1937 –

**Margarete von Holst**

mit
jüngster Tochter Gretel,
letzte der sechs Kinder

– Posen 1940 –

**Familie von Holst**

nach der Umsiedlung aus Estland in den Warthegau

– Hohensalza 1942 –

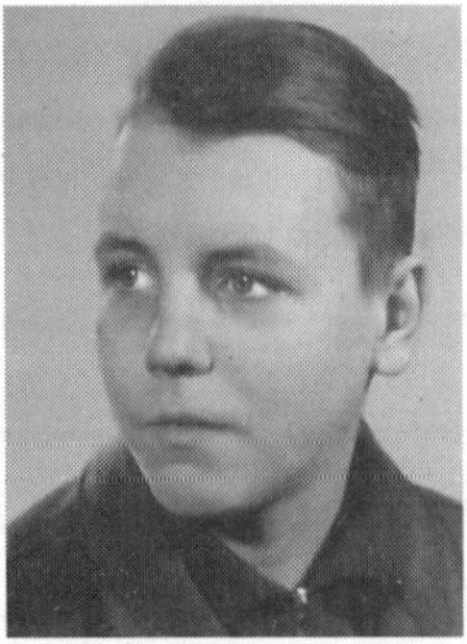

**Hans-Jürgen von Holst**

Er wollte Missionar werden.

– Berlin 1947 –

**Familie von Holst**

nach dem Tod vom 2. Sohn Hans-Jürgen

– Berlin 1949 –

v. l. o. n. r. unten: Günther, Ilse, Wolf-Dieter,
Eltern Margarete u. Walter, Anneli, Gretel

**Margarete von Holst**

(mitte, sitzend)
mit estnischem Pastor Arpad Arder (links)
und rußlanddeutschen Besuchern
aus ihrer Heimatstadt Wesenberg

– Reval 1970 –

**Margarete von Holst**

unterwegs auf Reisen von Berlin
in die Sowjetunion
Bahnhof Tallinn/Estland

– 1970 –

**Margarete von Holst**

mit Russlanddeutschen Christen
in Nowosibirsk / Sibirien

– 1975 –

**Margarete von Holst**

als Achtzigjährige

– Königswinter 1982 –

Die beiden Männer schwiegen eine ganze Zeit. Dann fragte der Jüngere: ›Wenn Sie wählen dürften, was würden Sie für die Menschheit wählen, ein Leben, wie wir es hier aufbauen wollen, als Paradies mit allem Reichtum, aber ohne Gott, oder ein Leben im Elend mit Gott?‹ Ich sagte unbesehen, ein Leben mit Gott, denn mit Gott ist es ja kein Elend mehr. ›Dann müssen wir allerdings feststellen, dass Ihre Weltanschauung so weit von unserer entfernt ist, wie der Himmel von der Erde‹, meinte er dann. ›Und wenn wir uns nach diesem Leben einmal wiedersehen sollten,‹ sagte ich, ›dann werden Sie mir zugeben, dass ich doch recht gehabt habe.‹ ›O nein,‹ war die Antwort, ›wir sehen uns nicht wieder. Denn wir sind dann in der Hölle.‹ Als die Männer sich verabschiedeten – von den Wahlen war nicht mehr die Rede gewesen – da bedankten sie sich für das interessante Gespräch. Am nächsten Tage hatte der eine noch bei unserer ›Hausobmännin‹ zu tun. Sie hatte ihm abgeraten, uns zu besuchen, sie würden bei uns keinen Erfolg haben. Aber nun sagte er: ›Wir sind dankbar dafür, dass wir da waren, es war ein sehr anregendes Gespräch. Wir haben noch nie Gelegenheit gehabt, mit einem wirklichen Christen zu sprechen.‹ Das hat mich tief beschämt. Wo bleiben wir Christen mit unserem Zeugnis? Erwarten sie es nicht von uns? Seitdem muss ich oft für diese Männer beten. Sind wir nicht in der Gefahr, den Kommunismus mitsamt seinen Vertretern abzulehnen und zu vergessen, dass es Menschen sind, die Gott genauso liebt, wie uns?

Es war einige Monate später. Ich stand nach einer Reise mit zwei schweren Koffern auf dem Bahnsteig in Karlshorst und wusste nicht, wie ich nach Hause gelangen sollte. Da trat ein Herr auf mich zu, fasste nach den Koffern und sagte: ›Sie haben es zu schwer, ich will Ihnen helfen.‹ Er ging neben mir her, die Straße entlang. Er kam mir bekannt vor. Wo hatte ich ihn schon mal gesehen? Schließlich fragte ich ihn danach. ›Erinnern Sie sich nicht,‹ fragte er, ›wir führten doch vor den Wahlen dies anregende Gespräch bei Ihnen.‹ Er trug mir die Koffer bis vor unsere Haustür.«

# Das Bücherpaket

Vor dem Bau der Mauer in Berlin waren die Übergänge von den Westsektoren in den Ostsektor für Besucher im Prinzip offen. Man musste allerdings mögliche Kontrollen der DDR-Polizei in Kauf nehmen. Ein brieflicher Bericht an die Söhne vom 21. Oktober 1957.

»Gestern Nachmittag fuhr ich nach Westberlin, um dort ein Bücherpaket abzuholen, das nach einer Stadt in der Zone, wie wir, die ›DDR‹ nennen, weitergeschickt werden sollte. Es waren fünfzig Exemplare eines kleinen Büchleins, die die Missionarin Marie von Bülow über ihre Erlebnisse in Afrika geschrieben hatte. Es handelte sich um ihre Beleg- und Freiexemplare, die ihr als Verfasserin vom Verlag aus zustanden. Das Büchlein war im Westen verlegt und gedruckt worden.

Als ich mit dem Paket durch die Sperre des S-Bahnhofs an der Brücke durchgehen wollte, wo der Ostsektor anfängt, wurde ich von einer verstärkten Kontrolle aufgehalten und zu einer Baracke am Bahnhof gewiesen. Dort wurde ich von Grenzpolizisten ausgefragt. Ich zeigte die Bücher und erklärte ihnen die Umstände. Sie nahmen mir den Ausweis ab. Ein Zivilbeamter kam dazu und machte mir Vorhaltungen, es sei illegal, Bücher herüberzubringen. Wo ich eine Genehmigung hätte? Ich musste warten – es wurde ein Polizeiwagen angefordert.

Drei Uniformierte holten mich ab, führten mich zum Wagen und wir fuhren los. Es ging zum Untersuchungsgefängnis Friedrichshain. Das Hoftor schloss sich hinter uns, dann die Haustür. Es ging durch Korridore und über Treppen bis zu einem Büroraum, in dem ein Wachtmeister hinter einer Barriere am Schreibtisch saß. Dort wurde ich abgeliefert. Der Raum mündete in einen Korridor mit Zellentüren. In einer Reihe saßen verschiedene Frauen und ein Junge. Sie warteten z.T. schon seit zehn Uhr morgens. Ich setzte mich dazu. Die Zeit verging.

Ich hatte vorher gebetet, Gott möge mich unterwegs behüten. Da er dies mit mir geschehen ließ, musste es seine Absicht sein. Also war ich ganz ruhig und tröstete die anderen ein wenig. Eine hatte ihren Pass verloren und es nicht gleich bei der Polizei gemeldet, beim Jungen waren irgendwelche Zeichnungen gefunden worden, die verdächtig schienen. Er war erst fünfzehn Jahre alt. Zwei Frauen hatten sich in den Westen absetzen wollen und waren mit viel Gepäck geschnappt worden. Es war ganz interessant, alles zu beobachten. Uniformierte mit rasselndem Schlüsselbund schlossen eine Zelle auf und führten einen jungen Mann zum Verhör und hintereinander junge Leute aus verschiedenen Zellen, die in der Barriere stehend eine Zigarette rauchen durften. Von Zeit zu Zeit wurde einer von uns dorthin gerufen und verhört.

›Die Frau mit den Büchern!‹ Ich nahm das Paket und ging zur Barriere. Ein Zivilist fing an zu fragen, was ich mit den Büchern wollte. Ich erzählte alles der Wahrheit gemäß. Gerne hätte ich Frau von Bülow ungenannt gelassen, aber es half nichts. Dieses war unangenehm. Zum Glück war ich unbefangen und ruhig. Ein zweiter, vielleicht Höherer, kam dazu, nahm ein Buch und blätterte. Wir kamen ins Gespräch.

Er meinte, dies alles käme von der unglücklichen Teilung des Landes, aber Adenauer wolle es ja so. Ich sagte: ›Das glaube ich nicht, er will ein einiges Deutschland und der Osten will es auch, nur jeder mit einem anderen Vorzeichen.‹ Aber Adenauer wolle doch Krieg. Ich sagte, das wolle bestimmt keiner, nur verstünde man unter Frieden was Verschiedenes. Für den Osten wäre Frieden gleichbedeutend mit Kommunismus. Wir sprächen mit den gleichen Worten eine verschiedene Sprache. ›Ja, ich weiß schon‹, sagte er, ›Sie meinen den Frieden des Herzens.‹ So kamen wir in ein Gespräch. Er glaubte nicht an Gott und ich erzählte ihm kurz von Hans-Jürgens Sterben, das für uns ein neues Leben bedeutete. ›Dazu muss man viel Phantasie haben‹, meinte er. Ich sagte: ›Nein, man darf es erfahren.‹ Er erzählte von einem Gespräch, das er mit einem Pastor gehabt hätte, den er seiner Meinung nach schachmatt gesetzt hätte. Er sagte, die Zehn Gebote gälten ja auch in unserem Staat DDR und fing an, sie aufzuzählen. Ich erinnere mich nur noch einzelner Sätze aus diesem Gespräch. Ich sagte, Materialismus gäbe es hier als dialektischen und drüben in anderer Form. Aber es gebe noch etwas Drittes: Gott. Und überwunden würden die Gegensätze nur durch die Liebe. Damit war er ganz einverstanden.

›Nun, es muss ein Protokoll aufgenommen werden, die Bücher müssen zur Revision.‹ Damit ging er und ich glaube, wohlwollend. Ich setzte mich wieder. Dann musste einer nach dem anderen alles abgeben: Uhr, Ring, Schuhbänder und alles aus den Taschen. Es wurde alles vermerkt und die Einzelnen wurden in Einzelzellen gebracht, zur Nacht. Nur die beiden Frauen durften gehen, aber ohne Pass. Bei den starken Kontrollen blieb ihnen wohl nichts übrig, als wieder in die Zone zurückzufahren und dazubleiben. Ich blieb allein übrig.

Dann kam ein jüngerer Sachse und führte mich in einen anderen Raum, um das Protokoll aufzunehmen. Er schimpfte, dass doch manches übertrieben würde. Harmlose Dinge würden aufgebauscht. Ich schwieg, weil ich nicht wusste, ob es eine Falle war. Dann sollte ich ihm alles erzählen. Er war sehr freundlich. Ich sagte, es sei sehr dumm gewesen, dass der Verlag die Bücher nicht direkt nach Ostberlin geschickt habe, so hätte ich die Mühe gehabt, sie abzuholen. Und es sei doch nichts Schlechtes daran, dass Frau von Bülow von ihren Freunden im Westen gebeten worden sei, ihre alten Erlebnisse aufzuschreiben, sie habe ja kein Geld dafür bekommen, nur diese Freiexemplare zum Verschenken. Er schrieb ein sehr ordentliches Protokoll, die Bücher seien versehentlich nach Westberlin gegangen. Er stellte alles ganz harmlos dar. Dann unterhielten wir uns noch recht nett. Sein Vater war in Sumatra gewesen. Zuletzt bat er um ein Exemplar. Ich schenkte es ihm. Als er mich wieder zu meinem Platz brachte, gab er mir die Hand, bedankte sich und sagte, vielleicht sehen wir uns noch mal wieder. Das Buch ist sehr herausfordernd geschrieben. Im Protokoll stand, ich sei mit Frau von Bülow befreundet aufgrund unseres Glaubens. Dann musste ich vortreten und alles abgeben. Die Schnürsenkel kriegte ich nicht auf. Da brachte der Wachtmeister mir einen Stuhl und hockte sich davor, um mir zu helfen. Sie waren alle wirklich nett und höflich. Dann wurde ich in eine kahle Einzelzelle mit gekalkten Wänden und vergittertem Fenster geführt. Die Tür wurde abgeschlossen. Auf der Holzpritsche lagen nur zwei Wolldecken, aber es war geheizt.

Ich legte mich hin und wunderte mich, dass ich die ganze Zeit über wie in Watte eingewickelt war, ganz fröhlich und ohne Sorge. Ich habe vorher nicht gewußt, dass solch eine kahle Zelle so erfüllt sein kann von der Gegenwart Gottes und dass eine große Freude das Herz bewegt, nur einfach, weil er da ist.

Nach einiger Zeit wurde das Licht ausgemacht. Vom Hof her schallte dauernd Lärm, Autos fuhren und es wurde gerufen und laut geredet. Von Zeit zu Zeit wurde das Licht angemacht und durchs Guckloch in der Tür sah ein Auge herein. Dann rasselte der Schlüssel im Schloss, es wurde hell und eine junge Frau kam herein: Leibesvisitation! Ich fragte, ob sie Gefängniswärterin sei. ›Nein. Vopo‹ (Volkspolizei). Als sie erklärte, wozu sie hereinkam, sagte ich: ›Das ist ja ein Spaß.‹ Da meinte sie, es wäre oft alles andere als Spaß, ganz entsetzlich. Das kann ich mir gut denken. Dann musste man sich ganz ausziehen und die Kleider wurden abgetastet. Aber ich hatte nichts bei mir. Ich fragte, ob man am Morgen geweckt werde und ob es Frühstück gäbe und ich zeigte auf den Fußboden neben der Tür, ob da das Frühstück hingestellt werde. Aber nein, wie ich darauf käme, es würde hereingebracht. Ich erzählte, wie ich darauf kam, was Walter vor drei Jahren in derselben Lage erlebt hatte und wie er nach fünfzehnstündigem Verhör und greller Beleuchtung ins Gesicht, ohne sich in der Zelle hinlegen zu dürfen und nach grober Behandlung sowie durch die Türklappe geschobenem Frühstück plötzlich wieder freigelassen und per Auto nach Hause gebracht worden war, ohne je zu erfahren, warum. Dann ging sie und ich legte mich wieder hin.

Mir tat nur Walter Leid, der nicht wusste, wo ich war. Aber gegen alle diese Menschen konnte ich keinen Ärger haben, sie taten mir nur schrecklich Leid. Eigentlich waren sie alle Gefangene ihres Systems und ich war die einzige Freie, wenn es auch äußerlich umgekehrt schien.

Nach einiger Zeit wurde wieder aufgeschlossen, ein Polizist rief mich heraus. Ich nahm meine Jacke und ging. Der Wachtmeister vorne empfing mich sehr höflich, stand auf und sagte ›Ihre Sache ist in Ordnung, Sie können nach Hause gehen.‹ Es war 23.30 Uhr. Die Bücher durfte ich mitnehmen, alle Dinge wurden mir ausgehändigt. Der Wachtmeister unterhielt sich noch ein Weilchen. Er habe schon dreimal die Uniform gewechselt und sei viel herumgekommen. Dann begleitete ein Polizist mich wieder durch alle Gänge und Treppen zum Ausgang. Ich war frei.

Durch die stillen Straßen wanderte ich zum Stadtbahnhof. Dort rief ich Walter an. Ihr könnt euch denken, wie froh er war. Es hätte auch anders kommen können, immerhin, fünfzig ›westliche‹ Bücher! Es kommt ganz darauf an, wie so etwas ausgelegt wird. Hier hatte Gott so deutlich seine Hand darüber gehalten. Heute geht mir immerzu Psalm 18 durch den Sinn:

*Herzlich lieb habe ich dich, Herr, meine Stärke!*
*Herr, mein Fels, meine Burg, mein Erretter;*
*mein Gott, mein Hort, auf den ich traue, mein Schild und Berg meines Heiles und mein Schutz!*
*Ich rufe an den Herrn, den Hochgelobten, so werde ich vor meinen Feinden errettet.*
*Es umfingen mich des Todes Bande, und die Fluten des Verderbens erschreckten mich.*
*Des Totenreichs Bande umfingen mich, und des Todes Stricke überwältigten mich.*
*Als mir angst war, rief ich den Herrn an und schrie zu meinem Gott. Da erhörte er meine Stimme von seinem Tempel, und mein Schreien kam vor ihn zu seinen Ohren.*
(Psalm 18, 2–7)

# Missions- und Pfarrfrauenarbeit in der DDR

Die kirchliche Arbeit war Margarete von Holst ein wichtiges Anliegen. Damals verstand sich eine Pfarrfrau ganz selbstverständlich als Mitarbeiterin ihres Mannes. Im klaren Blick auf das kommunistisch geprägte Umfeld übernahm sie in zunehmender Selbständigkeit immer größere Aufgaben.

»Es war wohl im Jahr 1928 oder 29 in Estland, da bekam ich eine Einladung zu einer Freizeit für Pfarrfrauen. Eine Pfarrfrau aus dem Posener Gebiet sollte sie leiten. Wir waren eine ganz stattliche Schar, etwa 30 meist jüngere Ehefrauen von baltendeutschen Pfarrern. Es waren reiche Tage. Was ›Mutter Voß‹, die Leiterin dieser Tagung, uns gesagt hat, habe ich vergessen. Aber es fiel mir auf, dass es war, als stünde jemand Unsichtbares hinter ihr, wenn sie sprach und als wäre die Verbindung von ihr zu dem Unsichtbaren stärker, als zu uns. Ich wollte hinter dies Geheimnis kommen und ging oft zu ihr ins Zimmer mit irgendwelchen Fragen. Die Verbindung zu Mutter Voß blieb, so lange sie lebte. Ich habe ihr viel zu verdanken.

Als wir 1946/47 in Alt-Ruppin wohnten, schrieb mir die Leiterin des Pfarrfrauenbundes, Clara Heitefuß aus Westdeutschland, ich möchte den Osten des Verbandes betreuen. Sie gab mir den Auftrag, die Pfarrfrauen in der ›Ostzone‹ zu sammeln. Durch die Teilung Deutschlands war das für sie, die im Westen wohnte, nicht gut möglich. Von da an bin ich in der späteren DDR viel in alle Teile des Landes zu Pfarrfrauentagungen und Freizeiten herumgereist, um diese zu leiten. Das machte mir viel Freude. Und dadurch hatte ich sehr viele gute Bekannte und Freunde in zahlreichen Pfarrhäusern. Damals war das Reisen etwas beschwerlich. An zahlreichen Bahnhöfen standen Volkspolizisten und kontrollierten die Ein- und Aussteigenden. Einmal musste ich umsteigen. Der Zug stand schon da und ich hastete von einem Bahnsteig zum anderen. Dort stand eine Gruppe von Polizisten – einer kam auf mich zu – es wurde ein Wettlauf zum Zuge. Der Schaffner sah es. Er ergriff meine Hand und zog mich herauf. Der Zug setzte sich in Bewegung und ich konnte mein Ziel rechtzeitig erreichen.

Noch während der zweieinhalb Jahre, die wir in Alt-Ruppin lebten, schloss ich mich dem Deutschen Frauen-Missions-Gebetsbund (DFMGB) an. Später wurde ich ›Bezirksmutter‹ für Ostberlin und Umgebung. Auch eine Verantwortung in der Frauenhilfe kam noch hinzu.

Als wir 1950 von West- nach Ostberlin umzogen – wir gehörten doch mehr in den Osten – war Walter zunächst Krankenhausseelsorger. Wir hatten eine Wohnung in Berlin-Karlshorst bekommen. In der Gemeinde war eine Vakanz eingetreten. 37 Pfarrer hatten sich um die Stelle beworben, zwei kamen in die engere Wahl. Die Hälfte des Gemeindekirchenrates wollte einen, die andere Hälfte den anderen. Sie vertagten die Wahl auf die nächste Sitzung – wieder das gleiche Resultat. Da gaben sie die Angelegenheit an das Konsistorium zurück und baten, dort möge man entscheiden. Da wir schon in Karlshorst wohnten, wurde Walter vorgeschlagen. Wir waren noch fremd in der Ge-

meinde. Wir sollten uns dem Gemeindekirchenrat vorstellen, Walter sollte von seiner bisherigen Arbeit berichten und ich von der Familie. Während wir vor der Tür warteten, kam es mir vor, als wären wir exotische Wesen, die vorgeführt werden sollten. Dann wurden wir hereingebeten und nach unseren Berichten wurde Walter gewählt.
Ich übernahm die Frauenhilfe und den Mütterkreis, sowie die jungen Mädchen. Letztere taten sich später mit den jungen Männern zusammen und brauchten keine Leitung. Es war eine erstaunlich rege junge Gemeinde. Sie bildeten einen Chor, sangen abwechselnd mit dem Kirchenchor im Gottesdienst und luden sich prominente Theologen zu Vorträgen ein.«

Über ihre Erlebnisse während der bedrängten Lage der Kirche in der DDR erfahren wir aus verschiedenen Briefen an die Söhne in Westdeutschland

*Berlin 1957:* »In der Provinz, wo es nicht viel Abwechslung gibt, sind die Pfarrfrauen und auch die Gemeinden so dankbar, wenn jemand kommt, um zu ihnen zu sprechen. Sie nehmen das Wort mit solcher Aufmerksamkeit auf, dass es eine Freude ist, dort zu reden. Ich war in Querfurt. Es waren sehr schöne und reiche Tage dort. Nach der Tagung blieb ich noch zwei Tage da und hielt Bibelstunden für die Gemeinde. Da kamen auch ca. 150 Menschen und gingen gut mit. Diese arme Kirchenprovinz wird eben sehr bedrängt.«

*Berlin 1958:* »Walter bekam in diesen Tagen einen Brief aus Naumburg, in dem ein Student aus der Jungen Gemeinde schreibt:

*›Bei uns in Naumburg wird mit allen Mitteln gegen die Kirche gekämpft. In unseren drei Seminaren führte man Haussuchungen durch und beschlagnahmte eine Unmenge von Büchern. Diese stellte man in einem Schaufenster aus, in welchem zu lesen stand, dass diese Bücher den Faschismus verherrlichten und in übler Weise gegen die DDR hetzten. Es waren Bücher wie das Neue Testament in Deutsch, die Göttinger Predigthilfe, viele andere theologische Bücher, dann Ina Seidel: ›Das unverwesliche Erbe‹ oder ›Es war, als sängen die Engel‹ sowie ›Der Tag bricht an‹, usw. Die Bücher wurden nicht nur aus den Seminaren geholt, sondern auch aus katholischen und evangelischen Heimen und Pfarrhäusern. Unserem Jugendpfarrer hat man allein 425 Bücher weggenommen. In den Zeitungen wurden die Pastoren, Dozenten und Doktoren auf übelste Weise angeschmiert. Ein evangelisches Kinderheim wurde geschlossen, zwei Kinderschwestern wurden eingesperrt. Eine freie Schwester, die in einem Dorf Bibelstunden hielt, weil kein Pastor da war, auch, obwohl das ganze Dorf protestierte. Über diese Dinge sprachen gestern Abend (12. August) der evangelische und der katholische Bischof im Dom. Der Dom war um 18.30 Uhr schon voll. Um 20 Uhr waren alle Gänge übervoll und es wurden mehrere Nebengebäude dazugenommen, mit Lautsprecher. Es wurde auf etwa 3000 Zuhörer geschätzt. An diesem Abend sind wir alle wieder fest im Glauben geworden. Es war ein einmaliges Erlebnis. Das war ein Beweis dafür, dass Gott unbesiegbar ist. Zum Schluss sangen wir ›Großer Gott wir loben dich.‹ Fest gestärkt im Glauben an unseren Gott gingen die Menschen auseinander.‹*

Unterdessen war ich für einen Tag in Görlitz. Dort ist es ganz reizend, mit welcher Freude und Dankbarkeit die vielen Pfarrfrauen kommen und wie trockene Schwämme das

Wort einsaugen. Eine sagte nachher, sie sei innerlich ganz krank und müde hergekommen, aber durch die Bibelarbeit sei sie froh und gesund geworden. Wie haben sie es schwer dort. Wie lastet die dunkle Wolke der Gegenwart auf ihnen und die große Gefahr, müde zu werden, bedroht sie alle! Wieviel besser haben wir es hier in Ostberlin. Interessant war mir, was ich in Görlitz hörte. Da hatte im Gespräch ein Funktionär zu einem Pastor geäußert: ›Unser Staat ist eine Demokratie für alle, die mitgehen. Für die anderen ist es eine Diktatur.‹ Und das stimmt. Nur dass leider viele so tun, als ob sie mitgingen und dadurch ein falsches Bild erwecken.

Eigentlich ist es nicht gut, dass gerade in der Adventszeit so schrecklich viel kirchlicher Betrieb ist. Neulich sah ich ein Bild: Eine Straße – alles hetzt und rennt und ist mit vorweihnachtlichem Betrieb beschäftigt. Und keiner merkt, dass Jesus in der Mitte der Straße steht. Siehe dein König kommt zu dir. Alle sausen nach allen Seiten in Richtung von ihm fort. Nur ein kleines Kind mit dem Finger im Mund ist stehengeblieben und guckt ihn an. Ein unbemerkter König, an den keiner mehr denkt und um den es auf diesem Fest geht.

Für Christen ist es kaum mehr möglich, unbehelligt in der DDR zu leben. Sie werden als zweitrangig angesehen. Eltern, die ihre Kinder nicht zur Jugendweihe schicken, müssen unterschreiben, dass sie zur Kenntnis nehmen, daß es für ihre Kinder keine Oberschulen oder Lehrstellen gibt. Christliche Lehrer, die nicht in die Partei ein- und aus der Kirche austreten, sind ›untragbar‹ und manchem ist gekündigt worden. Nicht jeder findet dann eine kirchliche Arbeit. Es sind viele, gerade Ärzte und Lehrer, in großer Unruhe, so dass z. B. Kranke und Schulkinder immer schlechter betreut werden. Wenn die Eltern nicht so versagen würden, wäre manches anders. Aber sie sind durch die Erziehung der Zeit, durch die Hitlerjugend gegangen und dabei ist ihr Glaube recht wacklig geworden. Wenn sie es wagen würden, zu Tausenden Front zu machen, könnte die Partei nichts ausrichten. Aber sie geben nach, weil keiner sich auf Gott verlässt und jeder als Einzelner in die Mühle genommen wird. Und so wird der Abfall immer größer. Und die, die noch mit Ernst Christen sein wollen, sind es auch nur zur Hälfte – oder dreiviertel. Und das ist eigentlich die allergrößte Not. Und doch können wir jeden Tag von neuem dafür danken, dass wir noch so ruhig und unangefochten leben dürfen und schließlich doch alles haben, was wir brauchen.«

*Berlin 1959:* »Man scheint hier doch recht skeptisch und pessimistisch im Blick auf die Zukunft Berlins zu sein. Unser viel zu großer Kirchenkreis sollte jetzt geteilt werden. Aber nun ist die Teilung auf 1960 verschoben worden, wenn Klarheit über Berlins Schicksal ist. Man fürchtet hier sehr, dass Ost- und Westberlin völlig getrennt werden könnten. Das wäre schrecklich für beide Teile. Dann würde wahrscheinlich vorher noch eine große Fluchtbewegung einsetzen. Sie reißt ja gar nicht ab. Letzte Woche sind die Mieter aus unserer früheren Wohnung mit vier Kindern in den Westen ›abgehauen‹. Viele sagen sich, unsere Kinder haben hier als Nichtkommunisten keine Zukunft. Also weg, solange es noch möglich ist. Zum Glück ist uns klar, dass wir bleiben. Denn wir haben hier beide unsere Aufgaben.«

*Schwerin 1959:* »Nun liegt der Tag in Parchim hinter mir und ich bin bei W.'s in Schwerin und habe etwas Zeit. Es war ein schöner Tag. Aber wirklich erschütternd, wie müde die Pfarrfrauen geworden sind unter dem Druck. Der Sohn der einen wird nicht zum Studium zugelassen, ein anderer nicht zur Oberschule, die Tochter einer dritten Pfarrfrau nicht zur Weiterbildung, überall verschlossene Türen. Das wird allmählich so zermürbend. Und die Kinder wollen in der DDR bleiben! Der Kampf, ob Jugendweihe und Konfirmation sich ausschließen, hat zu einem großen Chaos geführt. Jeder Pastor entscheidet, wie er es für richtig hält und die Gemeinden sind ganz verwirrt. Ein schreckliches Gericht Gottes über die Kirche! Sie haben keine Kraft mehr, mit einem siegenden Christus zu rechnen.«

*Berlin 1966:* »Die letzten beiden Tage habe ich richtig Ferien gemacht, mich ausgeschlafen und nichts vorgehabt. Das war sehr wohltuend. Montag früh fahr ich nach Lübtheen in Mecklenburg und soll dort an drei Abenden Bibelstunden halten. Da sie sich eine Folge über den Propheten Elia gewünscht haben, ist das für mich nicht so anstrengend. Der ist sozusagen ein guter alter Freund von mir. Dann ist am 5. Oktober Synode. Am 6. muss ich in Blankenfelde bei Berlin eine Volksmissionsstunde halten und am Abend fahr ich nach Chorin, um die Rentnerrüste drei Tage lang zu betreuen. Vom 9. an bin ich zu Hause und fang an, die Wohnung richtig sauber zu machen für die Hochzeit von Ilse.«

*Berlin 1986:* »Neulich sollte ich den Superintendenten R. bei seinen Konfirmanden vertreten, bis eine Praktikantin zur Krippenspielprobe kommen sollte. Ein Sack Flöhe! Ich fing an, ihnen von 1917, der Revolution und der Verhaftung meiner Eltern und ihrer Verschleppung nach Sibirien zu erzählen. Da waren sie so still, dass die Praktikantin vor der Tür stehend meinte, es sei keiner da. Sie bat, ich solle bei der Probe dabei bleiben. Das gab ein Gehopse und ein Durcheinander, aber sie meinte, so ruhig hätte sie sie noch nie erlebt. Nette Kinder – aber richtige Rabauken.«

*Berlin 1987:* »Im April fuhr ich nach Bad Blankenburg in Thüringen zu zwei Freizeiten, die dort gleichzeitig stattfanden. Die eine war vom DFMGB mit dem Thema Mission, die andere vom Pfarrfrauenbund. Ich musste beide mitmachen und mich etwas teilen, gehörte aber mehr zur zweiten Freizeit. Am letzten Tage sollte ich den Pfarrfrauen noch von meiner Reise nach Leningrad und Reval erzählen, anhand von Dias.

Der Raum war hergerichtet, die Frauen saßen wartend da, ich eilte durch den Korridor. Er war vorher gebohnert worden, ich glitt aus und stürzte. ›Moment mal, ich stehe gleich auf‹, beruhigte ich die Frauen, die herbeigeeilt waren. Aber unter dem rechten Fuß war es wie Pudding – ich konnte nicht aufstehen. In dem Moment stand das Wort aus Psalm 139,5 vor mir: ›Von allen Seiten umgibst du mich und hältst deine Hand über mir.‹

Zum Glück war eine Therapeutin, die unser Turnen geleitet hatte, in der Nähe. Sie übernahm das Kommando. Ich wurde auf einen Stuhl gehoben, der auf einem kleinen Teppich stand. So zogen sie mich ins Zimmer, wo alle warteten. Ich konnte den Vortrag halten. Die Therapeutin stützte mein Bein. Starke Schmerzen hatte ich nicht. Dann kam ein Krankenwagen und ich wurde ins Chirurgische Krankenhaus gebracht. Die Röntgenaufnahme zeigte einen Oberschenkelbruch. Die Ärzte fragten mich, ob ich nicht lieber nach Berlin wollte, wo ich zu Hause sei, das war mir sehr recht. Nach zwei Tagen wurde ich mit einem Krankentransport nach Berlin gebracht. Das Psalmwort begleitete mich, es entfaltete eine erstaunliche Kraft. So hatte ich das noch nie erlebt. Ich konnte ganz gelassen und fröhlich sein – ohne Sorgen und fast ohne Schmerzen.

In der Berliner Charité lag ich dann mehrere Stunden lang auf einer harten Liege im Korridor. Mit dem vorbestellten Krankenbett klappte es nicht. Mein Kommen hatte sich um zwei Tage verzögert, ein anderer Patient war hineingelegt worden. Schließlich wurde ich gefragt, ob ich nicht ins Oskar-Ziethen-Krankenhaus wolle, das wäre doch näher von Karlshorst. Mir war es recht. Dort kam ich in ein ziemlich enges Sechserzimmer. Die Frauen nannten sich alle beim Vornamen und duzten sich. Also war ich Margarete.

Neben mir lag eine Frau um die 40. Sie hatte sich unter den Zug geworfen, um ihrem Leben ein Ende zu machen. Sie wurde mit dem Problem Alkohol nicht fertig, eine Entziehungskur hatte nichts geholfen. Der Mann machte ihr nur Vorwürfe, da hatte die Verzweiflung sie gepackt. Nun hatte sie einen Fuß verloren und musste warten, bis der Stumpf verheilt wäre, dann sollte sie eine Prothese bekommen. Sie war sehr offen, manchmal zu Tode betrübt und dann wieder himmelhoch jauchzend. Ich wollte ihr nicht mit frommen Worten kommen. Aber sie hat etwas gemerkt und sagte: ›Du hast einen kurzen Draht nach oben, bitte benutz ihn für mich.‹ Wir hatten gute Gespräche miteinander und manchmal beteiligten sich auch andere daran.

Besonders gefiel mir die Direktorin einer Schule im Bett gegenüber. Sie war auf dem Heimweg aus der Straßenbahn gestiegen. Ein Auto hatte nicht rechtzeitig angehalten – und sie wurde schwer angefahren und verlor das Bewusstsein. Sie lag im Streckverband und wusste, dass es lange dauern würde. Ich bewunderte ihre Geduld.«

## Menschen im Osten

Margarete von Holst war eine treue und regelmäßige Briefschreiberin. In ihren unzähligen Briefen an die Söhne im Westen kommen immer wieder ihre Begegnungen mit bekannten und fremden Menschen vor.

*Berlin, Oktober 1958.* »Neulich traf ich eine blinde Frau, deren Mann gerade aus dem Gefängnis gekommen war. Er hatte drei Monate gesessen – ohne Verhör oder Urteil – und wurde plötzlich wieder entlassen. Er war schon recht alt. Seine Geschichte war typisch für die DDR. Er kam aus dem Urlaub in den Ostteil Berlins und wollte nach Hause weiterfahren. Von einem Verwandten in Westberlin hatte er bei der Durchreise 25 Westmark erhalten. Die hatte er in Ostwährung eingewechselt und nun ließ er seinen Koffer in der Aufbewahrung im Bahnhof Friedrichstraße stehen, um zum Brandenburger Tor zu gehen und sich die Quadriga anzusehen. Die Quadriga war gerade von östlicher Seite aus abmontiert worden, um restauriert zu werden.

Er schaut sich also das leere Tor an. Es steht ein Volkspolizist davor. Den redet er ganz harmlos an, wo denn die Quadriga geblieben sei. Er habe gehört, sie sei vom Osten ›verschleppt‹ oder ›organisiert‹ worden. Ob das stimme. Ich weiß nicht, welchen Ausdruck er brauchte. Der Vopo: ›Was sind Sie denn für einer? Wie kommen Sie denn auf sowas? Kommen Sie mal mit!‹ Ihm wurde der Pass abgenommen. Und bei der Untersuchung fand sich die Quittung der Westberliner Wechselstube und das verbotenerweise über die Grenze mitgebrachte Ostgeld. Also ein

Staatsverbrechen. Und schon saß er im Gefängnis. Zuerst in Einzelhaft, dann mit zwei anderen zusammen. Aber seine Gemeinde zu Hause betete für ihn. Und siehe da, ebenso unverhofft, wie hinein, kam er nun wieder heraus. Vielleicht wegen Platzmangel, denn die Gefängnisse sollen überfüllt gewesen sein.

Wenn Christen ins Gefängnis kommen, dann sicher oft um der anderen Gefangenen willen, die drin sitzen, um sie zu trösten und aufzurichten. Walter und ich sagen uns das. Wenn es einem von uns passieren sollte, dann wollen wir es als einen Dienstauftrag Gottes ansehen.«

*

*Berlin, Dezember 1958.* »Eine schwerkranke Frau wartete sehr auf mich. Sie hatte Angst vor dem Tode und es lag noch so vieles auf ihrem Herzen, was sie abladen wollte. Und der Mann, sehr unpraktisch, hatte es schwer, sie zu versorgen und wollte zuerst durchaus keine Hilfe annehmen. Aber er hat es dann gelernt und eine Nachbarin und ich halfen etwas in der Küche. Das Ehepaar war so mit den Nerven herunter, sie durch die Schmerzen, er durch die Pflege, dass sie oft aneinander gerieten.

Bevor sie dann ins Krankenhaus kam, musste ich noch die Versöhnung vermitteln. Obgleich beide wollten, waren sie so ungeschickt miteinander. Da habe ich der einen vorgesprochen: ›Bitte vergib mir‹ und dem anderen: ›Es ist alles vergeben‹ und sie dann darauf festgelegt, weil sie immer wieder von neuem anfing und den Mann quälte mit ihren ständigen Bitten um Vergebung. Diese Beziehung wurde klar. Aber wie schwer ist es, einem Menschen ebenso klar zu machen, dass Jesus für ihn gestorben ist und faktisch alle seine Schuld getilgt ist. Da wird man so hilflos und merkt, dass glauben können ein großes Geschenk ist und wirklich ein Wunder Gottes. Seine Gegenwart spürte ich deutlich in jenem Krankenzimmer. Aber ich konnte das der Frau nicht zu spüren geben, das kann nur er selbst. Nun will ich sie nächstens im Krankenhaus besuchen.«

*

*Berlin, April 1962.* »Gestern ließen wir uns den ganzen Kohlenvorrat für dieses Jahr anfahren. Die Kohlenträger wissen schon, dass sie bei uns nachher Kaffee kriegen und sind daher sehr nett und stapeln im Keller oder tragen die Kohlen sogar auf den Balkon, wie wir es wünschen. ›Für Sie tun wir alles‹ sagen sie. Und als sie dann um den Küchentisch saßen und es sogar gute Zigaretten aus einem Westpaket gab, waren sie ganz glücklich. Und siehe da, es ergab sich sogar ein gutes geistliches Gespräch. Einer freute sich auf eine bevorstehende Taufe und schon war der Einstieg gegeben. Konfirmation – Jugendweihe – und es wäre doch nicht einfach, zu glauben, dass es einen lebenden Gott gäbe. Und ich versuchte, es ihnen zu bezeugen. Und dabei wurde mir klar, dass man erst ein Stückchen ganz menschlich mit solchen Männern zusammen sein und ihnen eine kleine Kaffeepause schaffen müsse, ehe sie bereit sind, über solche Fragen zu sprechen. Und doch ist unter allem inneren Schutt etwas da, wie ein Lebensfunken. So wird es bei vielen sein, die uns nur gleichgültig scheinen und wo nur der richtige Schlüssel zu ihrem Herzen fehlt.«

*

*Berlin, Juni 1962.* »Eben ist es Freitag, 15.45 Uhr. Wir hatten gerade die kleine Gebetsstunde bei uns. Das ist ein kleiner aber wirklich brennender Kreis. Wir fingen an zu danken – für die Mauer! Denn sie treibt uns zueinander und ins Gebet und wir erkannten, wenn wir wirklich von Herzen Ja sagen können zu Gottes unbequemen Wegen – weil er ja keine Fehler macht – dann muss uns auch die Mauer zum Segen werden.«

*

*Berlin, Oktober 1962.* »Neulich hat ein junger Mann während einer Jungmännertagung, wo es um das Thema ging: ›Wie erreichen wir die Fernstehenden?‹, sich an eine belebte Straße gestellt und etwa 20 Männer angesprochen und sie gefragt: ›Was sagen Sie dazu, dass Jesus Christus gesagt hat, ich will euch das Leben und volle Genüge geben‹. Es waren Schauspieler, Reporter, Arbeiter etc. darunter. Keiner hat gespottet oder die Frage abgetan. Einer hat geantwortet: ›Ja, das möchte ich wohl haben, aber ich weiß nicht wie.‹

Ich muss immer wieder daran denken. Diese scheinbaren Außenseiter, die keinerlei Verhältnis zur Kirche haben, suchen doch auch und wir bleiben ihnen so oft die Antwort durch unser Leben schuldig.«

*

*Berlin, Dezember 1962.* »Ich kämpfe jetzt sehr um die Frau von unserem Kirchendiener. Sie ist eine schwierige und verkrampfte Frau und es gibt allerlei Krach und Bitterkeit zwischen ihr und den Pfarrern. Neulich war eine Aussprache mit dem Ehepaar im Personalausschuss des Kirchenrates. Es sollte beiderseits ein neuer Anfang gemacht werden.

Dann bat der Mann, ich möchte mich doch um die Frau kümmern.
Heute nach dem Gottesdienst ging ich hin und versuchte einfach, sie lieb zu haben und ihr zu helfen. Wie schwer fällt es manchen Menschen, die Dinge, die vergeben und vergessen sein sollten, nun wirklich liegen zu lassen. Sie holen immer wieder das Alte hervor und können nicht kapieren, dass ›Fischen verboten‹ ist. Hoffentlich hat sie Vertrauen gefasst und ich kann noch beiden Seiten helfen. Ein Zusammenarbeiten ohne wirkliches Vertrauen ist ja unmöglich und dazu noch in der Kirche!«

*

*Berlin, März 1967.* »Ein altes russlanddeutsches Ehepaar war in der UdSSR tagelang unterwegs gewesen, um sich in Riga bei einem lettischen Pastor eine Bibel zu holen. Aber der hatte keine deutschsprachige. In dem Moment kam dort ein Gast an, der uns gerade in Ostberlin verlassen hatte, um ebenfalls diesen Pastor zu besuchen. Er hatte das gewünschte Buch mit. Die Alten waren so beglückt, dass sie auf die Knie fielen und Gott priesen und lobten, weil ihre Reise nun nicht vergeblich war.«

*

*Berlin, März 1967.* »Eine deutschstämmige Frau aus Sibirien schrieb mir: ›Wir können Holz und Kohle kaufen, soviel wir wollen, aber Gottes Wort ist so teuer, das ist auf keine Weise hier zu kriegen. Ihr habt es, aber ihr nutzt es nicht und wir verlangen vergeblich danach.«

*

## Russische Offiziersfrauen

Aus einem Brief an ›Meine lieben Söhne‹.

*Berlin, Februar 1961.* »Neulich hatte ich in Rheinsberg – nicht weit von Neuruppin – eine Missionsstunde zu halten. Auf der Rückfahrt nach Berlin am späten Abend traf ich noch zwei Frauen. Als ich sie auf dem Bahnhof anredete, guckten sie mich dumm an, da versuchte ich es mit Russisch und sie waren ganz beglückt, sprangen gleich auf und schlossen sich mir an. Sie kamen aus Neuruppin und hatten sich in Rheinsberg ein Klavier angesehen und den Zug verpaßt. Es waren russische Offiziersfrauen. Wir saßen wartend oder fahrend über eine Stunde zusammen. Es war sehr interessant. Sie glauben nicht an Gott, haben aber ihre Kinder taufen lassen. Sie hatten eine geradezu panische Angst vor Krieg.

Ich versuchte, ihnen zu bezeugen, dass wir geborgen sein dürfen in Gottes Händen, dass er uns lieb hat und dass er wirklich lebt und da ist. Ich erzählte ihnen von Hans-Jürgens Sterben. Sie hörten zu, aber natürlich war es schwer für mich mit meinen russischen Brocken. Immerhin hatte ich das Gefühl, dass Gott mir die wichtigsten Vokabeln einfallen ließ. Als wir später von Küchenrezepten sprachen, konnte ich nicht ausdrücken, was ich wollte. Es war ja auch nicht so wichtig.

Sie hatten nur den einen Wunsch: Zurück nach Russland. Da hätten sie alles gehabt, sogar Waschmaschine und Kühlschrank. Wozu dieses Sitzen im fremden Lande. Es sollte doch jedes Volk in Ruhe leben dürfen und sie, die Mütter, wollten nur für Mann und Kinder da sein. Ich beteuerte ihnen, dass die deutschen Mütter ebenso dächten.

Sie luden mich ein. Wenn ich meinen Zug in Herzberg nicht bekäme, sollte ich zu ihnen nach Neuruppin kommen und bei ihnen übernachten. Aber mein Zug stand schon da und wir schüttelten uns herzlich die Hände und dann standen sie am Abteilfenster und winkten mir nach, solange sie mich sahen. Zu schade, dass man nicht öfter solche Begegnungen von Mensch zu Mensch haben kann. Wie viele Missverständnisse sind da, die im Gespräch weggeräumt werden könnten. Das merkte ich an ihren Fragen über Berlin und unser Leben und Denken.«

# Freue dich, du darfst Großmutter sein

Im November 1961 wurde in Ostberlin ihr erstes von elf Enkelkindern geboren. Margarete von Holst schrieb einige Monate danach diesen Beitrag für die ›Frohe Botschaft für jedermann‹, ein Verteilblatt der Berliner Stadtmission.

Man sagt oft, das Altwerden hätte seine Beschwerden und Unannehmlichkeiten. Das mag stimmen. Aber hat es nicht auch seine besonderen Freuden? Was das heißt, Großmutter zu sein, das kann nur ermessen, wer es selbst erlebt hat.

Die eigenen Kinder wuchsen heran und du trugst die Verantwortung für sie. Du plagtest dich Tag und Nacht, sie satt zu kriegen, sie zu kleiden und sie zu erziehen. Und du hattest die Sorgen – kleine Kinder kleine Sorgen, große Kinder große Sorgen. Wirklich zur reinen Freude an den Kindern kamst du selten. Es war immer so viel anderes daneben, was die ungetrübte Freude nicht aufkommen ließ. Und oft war die Liebe mit Schmerzen verbunden – und mit einem schlechten Gewissen, weil du zu wenig Zeit für sie hattest, um so richtig auf jedes Einzelne einzugehen. Und dann die Erwartungen und die Enttäuschungen und das Erschrecken, wenn du deine eigenen Fehler in ihnen wiederfandest. Und immer wieder die leise Stimme: Das hast du falsch gemacht und jenes versäumt.

Aber jetzt, wo du Großmutter bist, sieht alles ganz anders aus. Nun tragen die Eltern die Verantwortung. Und du darfst dich freuen. Du siehst gleichsam von einer höheren Warte auf das junge heranwachsende Leben. Du weißt, das viele Herumnörgeln und Erziehen hat keinen Zweck. Lass die kleine Pflanze nur wachsen und gib ihr so viel Sonne, so viel Liebe, wie sich in deinem alternden Herzen aufgespeichert hat. Du brauchst nur noch zu lieben und darfst auch ein wenig verwöhnen. Die große Hetze ist vorüber. Du weißt, deinem Enkelkind tut es gut, wenn es spürt, da ist jemand bei ihm, der hat Zeit, der kann zuhören, der sagt nicht: ›Stör mich jetzt nicht‹. Der hat ein offenes Herz für alle seine kleinen Anliegen und Wünsche.

Und aus dem unerschöpflichen Schatz deines Herzens holst du alle die lieben alten Märchen hervor und erzählst sie in die leuchtenden gespannten Kinderaugen hinein. Und die biblischen Geschichten! Dein Enkelkind kennt sie längst alle, kann aber nie genug davon kriegen. Und pass schön auf, dass du beim Erzählen ja nichts anders sagst, als beim letzten Mal. Und so pflanzt du ganz leise und unbemerkt die Liebe und das Vertrauen zu seinem himmlischen Vater in das offene Kinderherz.

Und wenn das Kind davonspringt und spielt, dann siehst du ihm zu und beobachtest seine Bewegungen und lächelst über seine drolligen Einfälle. Aber du erwartest nichts für dich. Und wenn es unartig und bockig ist, du ärgerst dich nicht, du erinnerst dich: War nicht auch sein Vater einmal so dickköpfig? Und was habe ich mich geplagt. Und dann ist doch ein ordentlicher Mensch aus ihm geworden. Und du faltest still die Hände und weißt, auch mit diesem Kinde wird der himmlische Vater zurechtkommen. Und wichtiger als alle Erziehungsversuche ist die Fürbitte.

Eine betende Großmutter – das ist der größte Schatz, den sich Eltern für ihre Kinder wünschen können.

---

Dieser Beitrag erschien in ›Frohe Botschaft‹, Christlicher Zeitschriftenverlag Berlin, 1962

# Eine sibirische Adresse und was daraus wurde

Die oft und gern erzählte Geschichte des Russenjungen Andrej, für die Margarete von Holst seine Babuschka wurde. Aus ihren handgeschriebenen Lebenserinnerungen.

»Im Jahr 1966 hatte ich durch das Gustav-Adolf-Werk die Adresse einer deutschen Frau in Jurga, in Sibirien, bekommen. Ich schickte ihr eine Bibel – damals war es nicht verboten. Prompt kam ihre Antwort und es entwickelte sich ein Briefwechsel. Sie hatte ihren Bekannten von der Bibel erzählt und nun bekam ich viele Briefe mit Bitten um eine Bibel – aus allen Teilen der Sowjetunion. Da habe ich wohl an die 300 alte Bibeln in gotischer Druckschrift, die sie noch lesen konnten, überall gesammelt und verschickt. Bis das im Jahre 1968 verboten wurde.

Ich hatte auch in Moskau gute russische Freunde. Wie kam es dazu? Da war eine Großfamilie. Zunächst lernte ich Tanja kennen, eine sehr attraktive Frau von etwas über 30 sowie ihren Mann und den damals achtjährigen Sohn. Sie lud mich zu einem Moskaubesuch ein. Die Russen wohnen meist sehr beengt, aber Gäste sind immer willkommen. Dann lernte ich ihre Schwester Nina kennen, die mit einem Arzt verheiratet ist und zwei kleine Söhne hat. Die dritte Schwester, Natascha, hatte einen Chilenen, Romo genannt, zum Mann. Er arbeitete als Koch bei der amerikanischen Botschaft in Moskau. Die Eltern und Brüder der drei Schwestern leben auf einem Dorf nicht weit von

Moskau. Wir haben sie auch besucht. Alle bis auf den Arzt sind Baptisten. Dieser sagte, noch glaube er nicht. Leider ist er Trinker.

Hier muss ich einflechten, daß ich in der sibirischen Stadt Jurga mehrere Russlanddeutsche kennengelernt hatte. Einmal schrieb mir Frau Schitzle aus Jurga, unter ihr im Hause wohne eine russische Familie mit dem dreizehnjährigen Jungen Andrej. Nun sei er weinend zu ihr gekommen und habe sie um Hilfe gebeten. Seine Mutter sei an Krebs gestorben, als er elf Jahre alt war. Zwei Großmütter lebten mit ihm in der Wohnung zusammen. Der Vater sei Trinker und kümmere sich nicht um die Familie. Dann sei die eine Großmutter gestorben und die andere habe den Jungen verlassen und sei aufs Land zu ihrer Verwandtschaft gezogen. Eine Tante sei gekommen und habe alles abgeholt und verkauft und das ersparte Geld von 2000 Rubeln gestohlen. Als Nachbarn sie vor Gericht verklagten, habe sie das Gericht bestochen und Recht bekommen. Kein Verwandter kümmere sich um ihn. So hatte Frau Schitzle sich des Jungen angenommen und ihre Tochter sei zum Vormund bestellt worden. Mir tat dieser Junge leid. Ich schrieb ihm einen kurzen russischen Brief. Prompt bekam ich eine Antwort: ›Schreiben Sie, schreiben Sie. Ich freue mich ja so, dass jemand in so weiter Ferne an mich denkt.‹ Es entstand ein weiterer Briefwechsel. Er versteht es sehr gut, sich auszudrücken – natürlich auf Russisch. Ich habe es übersetzt. Andrej war ein guter Schüler und kam ohne Schwierigkeiten in der Schule voran. Ich fragte ihn, was ich ihm schicken könne. Er antwortete, ich sei schon alt und das wäre zu viel verlangt, aber am Schluss des Briefes stand ›alle meine Kameraden haben Eltern, die sie einkleiden, ich habe keine!‹ Und er wünschte sich eine Jeanshose, gab auch seine Länge an, aber leider nicht den Hosenbund. Die Jeans kam bei ihm an. Aber ganz traurig schrieb er mir: ›Warum bin ich so eine fette Tonne, sie passt mir nicht.‹ Ich riet ihm, die Hose zu verkaufen und mir seine richtigen Maße zu schreiben. So konnte ich ihn mit den nötigen Sachen versorgen. Wenn ich in Ostberlin und in verschiedenen Gemeinden der DDR in Lichtbildervorträgen von meinen Reisen erzählte, kam auch Andrej drin vor und ich las seine Briefe überall vor und meistens wurde zum Schluss eine Kollekte für meine ›Sibirienkasse‹ eingesammelt. Andrej wurde mein sibirischer Pflegesohn.

Auch in Moskau bin ich mehrfach gewesen. Einmal bat mich der Arzt, ich möchte ihm aus Ostberlin eine Jacke schicken und berechnen, was sie in Rubeln kostet und ihm sagen, wohin er das Geld schicken solle. Er bekam die Jacke per Post und ich bat ihn, das Geld seiner Schwägerin Tanja zu geben. Sie solle Andrej etwas Schönes schicken. Und was machte Tanja? Sie lud Andrej zu sich nach Moskau ein. Als er ankam, fand er bei Tanja viel mütterliche Wärme. Sie und ihr Mann wollten ihn auch am liebsten dabehalten und sogar adoptieren. Die ganze Großfamilie fand Gefallen an ihm. Tanja nahm ihn sonntags mit zum Gottesdienst der Baptisten. Er war tief beeindruckt. Sie wollten ihn in Moskau einschulen, aber die Schule in Jurga schickte die nötigen Papiere nicht. So musste er nach Jurga zurück. Dort in der Schule erzählte er voller Begeisterung von seinen Erlebnissen in Moskau, auch vom Gottesdienst bei den Baptisten. Das hörte seine Klassenlehrerin. Sie ließ die Vormundin kommen und beschimpfte sie. Ob sie denn gar nicht wisse, was die Baptisten für schreckliche

Menschen seien? Wie konnte sie den Jungen hinschicken. Sie werde dafür sorgen, dass die Vormundin ihren Arbeitsplatz verlieren werde. Die Vormundin erklärte, sie habe nichts mit der Sache zu tun, sie kenne die Leute in Moskau gar nicht. Das habe eine Frau aus Deutschland eingefädelt. Damit war der Fall erledigt. Aber die Lehrerin versuchte, Andrej zu schikanieren, soviel sie nur konnte.

Als ich das nächste Mal nach Jurga fuhr, traf ich Andrej, der inzwischen die zehnte Klasse besuchte. Er war zu einem stattlichen blauäugigen Burschen herangewachsen. In der Sowjetunion bildete bisher die zehnte Klasse den Schulabschluss, wie bei uns das Abitur. Andrej war sehr fleißig, er zeigte mir seine Hefte und Aufzeichnungen. Alles war tadellos. Obwohl seine Lehrerin versuchte, seine Noten herabzusetzen, gelang es ihm, ein gutes Examen abzulegen. Nun war er klug geworden und erzählte niemandem, was er für Pläne hegte. Wenn er danach gefragt wurde, zuckte er nur mit den Schultern. Und dann packte er seine Sachen und fuhr nach Moskau zu Tanja. Ich wusste Andrej in guten Händen. Die ganze Familie liebte ihn. Sein Wunsch war es, Medizin zu studieren. Für die Aufnahme an der Universität musste er tüchtig büffeln. Aber er bestand die Prüfung und begann mit dem Studium. Dass er einen Studienplatz bekommen hat, ist ein Wunder. Meist zahlen Eltern unter der Hand bis zu 3000 Rubel, damit ihre Kinder zugelassen werden. Er wurde einfach so aufgenommen. Er meint: ›Das hat Gott getan.‹ Und so ist es ja auch. Zum Militärdienst brauchte er nicht einzurücken, weil er eine kranke Niere hat. So gewann er viel Zeit. Ich habe ihn 1987 in Moskau wiedergesehen. Inzwischen war er 19 Jahre alt geworden.

Tanja, Nina und Natascha sowie die Freundin Swetlana sind bei mir in Berlin gewesen. Wenn sie zu mir zu Gast kamen, dann kauften sie ein. In meinem Keller war ein ganzes Lager von Kleidern und Schuhen, die Bekannte mir brachten. Da konnten sie sich nach Herzenslust eindecken. Wenn sie nach Hause fuhren, waren sie mit Koffern und Kartons schwer beladen. Die ganze Familie wurde bedacht. In Moskau waren Kleider und Schuhe sehr viel teurer und ohne Schick.«

Die Fortsetzung erfahren wir aus dem Tagebuch ihrer 12. Reise nach Estland und Russland.

*Leningrad, 30.7.1988.* »Heute heiratet Andrej in Leningrad. Wir sind zu seiner Hochzeit eingeladen. Diesmal haben wir im Zuge ab Reval ein geschlossenes Schlafwagenabteil mit Bettwäsche erhalten. Außer meiner Tochter Anneli, ihrem Mann Peter und mir ist noch ein russischer Student im Abteil, aber nett und bescheiden. Auf dem Leningrader Bahnsteig kommt uns der Schwager von Andrej entgegen. Bei den Taxen steht eine lange Schlange. Wir stellen uns an und der Schwager geht, um eine freie Taxe zu finden – und er hat Glück. Wir fahren in die Marschall S. Straße, wo wir auch früher abgestiegen waren. Wir fanden Tanja und noch zwei junge Frauen aus Moskau vor, dazu Andrej und zwei Freunde sowie den Hausherrn, also ein volles Haus. Wir sollten erst mal frühstücken. Und dann wollten alle noch ins Badezimmer. Um 11 Uhr sollten wir in der Kirche sein. Der Hausherr fuhr zur Kirche voraus. Es ist ein weiter Weg, per Bus und Metro braucht man anderthalb Stunden. Alles ging sehr gemütlich her, um halb Zwölf waren wir so weit. Wir drei sollten mit Andrej's englischem Freund Nik in dessen Wagen fahren und die anderen vor dem Hause der Braut treffen, die zu Fuß hinwollten, ganz nahe von hier. Nik hatte versprochen, das Brautpaar zur Kirche zu bringen. Aber Nik fand die Straße nicht. Schließlich blieben wir stehen und hofften, die anderen würden uns finden. Peter stieg aus und machte ein paar Fotos von den eigenartigen Hochhäusern. Da fuhr ein Streifenwagen vor, der Polizist stieg aus und verlangte Peters und Niks Pässe – er hatte das ausländische Auto festgestellt. Nun forderte er uns auf, ihm zu folgen. Wir fuhren ziemlich lange bis zu einem Polizeigebäude. Peter und Nik gingen mit dem Milizmann hinein, kamen nach zehn Minuten jedoch wieder heraus. Ein Offizier hatte festgestellt, wie harmlos alles war und dass sie weiterfahren durften. Aber wohin?

Um das Brautpaar abzuholen, war es zu spät. Also fuhren wir durch die ganze Stadt. Gegen 13 Uhr – und ohne Braut – kamen wir bei der Kirche an. Gleich nach uns fuhr ein Wagen vor und das Brautpaar stieg aus. Sie hatten uns überall gesucht. Irgendwelche anderen Hochzeitsgäste hatten sie mitgenommen. Allmählich begriffen wir, dass um 11 Uhr ein Gottesdienst und die Trauung danach stattfinden sollte. Also war alles in Ordnung. Die Kirche füllte sich, der Chor sang. Die Braut Ljuba im langen weißen Kleide mit Schleier und einem Rosenstrauß – Andrej war schmal geworden. Er hatte einen sehr gut sitzenden dunklen Anzug aus Amerika an. Der Pastor hielt eine sehr lange Rede, während das Brautpaar stand. Tanja saß als Andrej's Mutter neben Ljubas Mutter und ich daneben als seine ›Babuschka‹. Im Nebenraum, einem größeren Kirchsaal waren Tische gedeckt. Es mögen gegen 100 Gäste gewesen sein. Es gab Limonade und Salate, Butterbrote mit Ei und Kaviar. Danach begann ein Programm: Reden und Musik in bunter Folge. Ein sechsjähriger Junge spielte Geige, seine Mutter begleitete ihn am Klavier. Duette und Soli, Gedichte und wieder längere Reden. Es ist erstaunlich, wie den Russen die Worte zur Verfügung stehen! Immer wieder klang heraus, wie die Gemeinde sich freut, eine junge Familie als Zuwachs zu bekommen. Die Tische wurden abgeräumt und für Kaffee und Kuchen neu gedeckt. Die Frauen der Gemeinde hatten tüchtig zu tun. Dann ging es weiter bis ca. 21 Uhr. Mit Tanja hatte ich ein langes Gespräch. Das Verhältnis zwischen ihr und Andrej war zuletzt gar nicht gut gewesen. Aber nun hatte eine tränenreiche Aussöhnung stattgefunden und Tanja wurde als seine Mutter sehr gefeiert. Von mir hat Andrej so viel erzählt, dass ich oft angesprochen wurde. Beim Abschied umarmte mich Andrej und sagte: ›Letzten Endes hab ich ja alles dir zu verdanken‹. Das war rührend, ich war ja nur ein Rädchen im Getriebe seines Lebens. Andrej und Ljuba sind wie zwei Kinder, die Angst haben vor dem neuen Leben und der Ehe. Sie hielten sich dauernd an der Hand und suchten gleichsam Schutz beieinander.«

Wenige Tage vor Weihnachten 1990 wurde in Leningrad bei Andrej und Ljuba ein kleines Töchterlein geboren. Die stolzen Eltern ließen es auf den russifizierten Namen ihrer Berliner Babuschka ›Margarita‹ taufen.

# Briefe ins Baltikum

Nach dem II. Weltkrieg hieß es, Briefe aus Deutschland seien für Empfänger im sowjetisch besetzten Estland so gut wie ein Pass nach Sibirien. Die Sehnsucht nach der alten Heimat führte erst zwanzig Jahre nach Kriegsende zu einem zunächst vorsichtigen, später lebhaften Briefwechsel mit einem estnischen Prediger, dessen Berlinbesuch im Jahre 1967 Margarete von Holst gerade verpasst hatte. Er amtierte in der estnischen Kleinstadt Rakvere – in unserem alten Wesenberg – wo sie mit Walter fünfzehn Jahre lang gelebt hatte und wo wir sechs Geschwister aufgewachsen waren. Mit dem folgenden Brief begann ein neues Kapitel ihres Wirkens, das schließlich vom Baltikum bis nach Mittelasien reichen sollte.

*Berlin, 25. 2. 67* – Lieber Bruder Arder!
Bekam Ihre Anschrift durch Frau Voigt in H. und möchte Ihnen mit herzlichem Gruß ein Losungsbuch schicken, das Sie hoffentlich weiter verwenden können.
Wir haben jahrelang in Rakvere gewohnt. Bis 1939 war mein Mann dort Pastor an der kleinen deutschen Gemeinde. Wie gerne sähen wir diese alte Heimatstadt mal wieder! Ob das Bethaus noch steht auf dem Weg zur alten Burgruine? Wir wohnten zuletzt in der Kunderstraße, zwei Häuser vor dem Friedhof. Jetzt ist mein Mann im Ruhestand, wir haben es gut hier, einmal im Jahr (!) dürfen wir unsere Verwandten drüben in Westdeutschland besuchen. Unsere Töchter sind hier in Berlin verheiratet, so haben wir viel Freude an den jungen Familien. Unsere Söhne sind drüben.

Wir können noch allerhand Dienst tun in unserer Gemeinde, ich habe zwei Frauenkreise und sonst noch so allerhand. Bitte schreiben Sie, ob wir Ihnen oder Ihren Freunden Bibeln schicken sollen. Wie vieles möchte man noch fragen und erzählen, aber für diesmal ist es nur ein kurzer Gruß.
Ihre Margarete v. Holst

Arpad Arder beherrschte acht Sprachen, war in Budapest geboren und in Paris und Riga orthodox erzogen worden und der Sohn eines bekannten Opernsängers und einer in Schweden lebenden Mutter, die er jahrzehntelang nicht mehr gesehen hatte. Er war in den vierziger Jahren bei der Flucht nach Finnland aus dem deutsch besetzten Estland von deutschen Soldaten aufgegriffen und ins Gefängnis geworfen worden. Durch einen Mitgefangenen, einen mit dem Fallschirm über Estland abgesetzten sowjetischen Spion, gelangte er in den Besitz eines Neuen Testaments und wurde durch die intensive Gefängnislektüre zum Christen. Während der darauffolgenden sowjetischen Besetzung Estlands war er als begnadeter Prediger und Seelsorger so bekannt geworden, dass die Behörden ihn in ein kleines Dorf versetzten. Er beantwortete den ersten Brief aus Ostberlin unmittelbar per ›du‹ und erhielt daraufhin folgende Zeilen, die für das lebendige Interesse Margaretes sprechen.

*Berlin, 25.5.67* – Lieber Bruder Arpad Arder!
Über deinen Rundbrief und den persönlichen Brief haben mein Mann und ich uns wirklich sehr gefreut! Wir hatten

letztes Wochenende eine Konferenz von Beterinnen, da habe ich deinen Rundbrief vorgelesen und noch manches von Estland erzählt. Sie wollen alle mitbeten für die fernen Geschwister. Und am nächsten Tage bekam ich von verschiedenen Seiten Bibeln und Predigtbücher sowie Geld fürs Porto – es war eine Freude.

Auch den drei ›Geschwistern‹, deren Adressen du angabst, habe ich geschrieben und Bibeln oder Predigten abgeschickt. Wir beten darum, dass alles gut ankommen möchte! Eine besondere Freude und zum Danken ist es auch, dass in Semipalatinsk/Kasachstan, Baptisten, Mennoniten und Lutheraner sich gemeinsam versammeln. Nächste Woche will ich ein baptistisches Liederbuch hinschicken. Was postalisch aus Tallinn (Reval) zurückkam, habe ich nun mit Luftpost wieder abgeschickt. Die Schar der Beter hier für alle fernen Geschwister wächst. Ich muss häufig erzählen und vorlesen, viele sind sehr interessiert.

Es ist schade, dass wir so weit voneinander wohnen. Wie vieles würde ich gerne wissen, auch über die Bevölkerung in Zentralasien. Sind die Usbeken und Turkmenen etc. alles Mongolen oder was sind das für Stämme? Ist das Christentum noch nie dorthin gebracht worden oder wurde es durch den Islam verdrängt? Wovon lebt die Bevölkerung? Leider gibt es hier keinerlei Bücher darüber, ich habe mich schon erkundigt.

Du schreibst von den Gottesdiensten in Zentralasien und von den Deutschen, die vor 200 Jahren dorthin ausgewandert sind. Welche Gegend ist denn das? Noch östlich von Nowosibirsk? Sind sie immer dort geblieben und wurden nicht zwangsumgesiedelt, wie die Wolgadeutschen?

Und woher stammst du selbst, dein Name klingt nicht estnisch? Verzeih, das klingt alles so neugierig und was in der

Glaubenswelt geschieht ist eigentlich wichtiger! Und doch ist die Geschichte der Menschheit so hochinteressant.
Ich habe jetzt alle Adressen, deren ich habhaft werden konnte, mit Bibeln versorgt, allein 15 in Jurga/Sibirien. Nun warte ich auf Antworten, dann bitte ich dich um neue Namen.
Herzlich im Herrn verbunden,
deine Margarete v. Holst

Nach kurzer Zeit korrespondierte Margarete mit 300 Adressaten ihrer Bibelsendungen in Estland, Sibirien und Kasachstan. Nach manchen Vorträgen in Kirchengemeinden der DDR, in denen sie vom großen Interesse an Bibeln in Russland berichtete, wurde sie ihrerseits um Adressen gebeten, weil manche Zuhörer sich ihrer Arbeit anschließen wollten. Ein Pfarrer in Zossen bat um 20 Adressen. Diese Bitte gab sie Arpad Arder weiter, mit dem sie immer wieder auch in estnischer Sprache korrespondierte. Bald begann eine Reisetätigkeit, die sie in alle Gebiete der weiten Sowjetunion führen sollte. Sie besuchte die vielen neuen Freunde und brachte ihnen aus dem von dort aus so gesehenen Ostberliner ›goldenen Westen‹ Dinge des täglichen Bedarfs mit, die man dort entbehrte, darunter Kugelschreiber, Ringbücher, Schuhe, Strümpfe und Kleidungsstücke. In einem Brief schrieb sie an Pastor Arder:

»… Es war sehr gut, dass du mir den Tapetenstreifen mit all den aufgezeichneten Fußsohlen mitgabst. Wenn ich bei verschiedenen Tagungen und Bibelstunden, zu denen ich unterwegs bin, von meiner Reise erzähle oder den Streifen vorzeige, werden die Herzen der Zuhörer so erwärmt, dass mir die Kollekten nur so zuströmen. Ich fange morgen an und schicke erst mal ein Paar Schuhe ab, um zu sehen, ob sie gut ankommen. Dann folgen weitere. Am Gelde liegt es nicht mehr ...«

# Rückfahrt nach 30 Jahren

Das erste Reisetagebuch aus dem Jahre 1969, das mit vielen Fotos ihrer Begegnungen, Prospektausschnitten und Postkartenbildern ihrer Heimat liebevoll gestaltet ist, lässt die innere Erregung ahnen, die Margarete von Holst bei ihrer ›Heimkehr‹ nach Estland erfüllte.

*Im Zuge, 12. August 69,* Frankfurt/Oder. Solange der Zug hier steht, fange ich dies Reisetagebuch an. Es ist 23.20 Uhr. Es ist erstaunlich, ich bin ganz allein in einem Abteil. Eine Reisegruppe von 30 Personen ist nicht erschienen. Der Liegewagenschaffner ist sehr nett und freundlich. Ich suchte mir die unterste Bank aus und legte mich bald hin. Es ist der letzte Wagen, ein ziemlich starkes Geschaukel. Im Fahren ist es unmöglich zu schreiben.
Der DDR-Zoll, Fahrkarten- und Pass- sowie Visa-Kontrollen sind vorüber. Das nächste ist der polnische Zoll. Die gute Frau F. hatte mich mit ihrem Handwagen zum S-Bahnhof Berlin-Karlshorst begleitet. Ich hätte die zwei schweren Koffer nicht allein schleppen können.

*Im Zuge, 13. August.* Unser Zug nach Leningrad hat Verspätung. Er wird umgeleitet. Es hat irgendwo auf der Strecke ein Unglück gegeben. Die Nacht über war ich allein, holte mir noch eine Decke von der obersten Liege, es war recht kalt. Um 3.30 Uhr hielten wir in Posen. Ein großer heller Bahnhof, recht viele Menschen, Mädchen mit Miniröckchen, wie überall, nur die Sprache fremd. Durch große Glasscheiben war ein sehr sauberes, anscheinend reichhaltiges Buffet zu erkennen, das sogar nachts offen war. Jedenfalls ist der Bahnhof nicht wieder zu erkennen. Damals – am 19. Januar 1945, während der Flucht aus Hohensalza, sah ich ihn zum letzten Mal. Tausend Erinnerungen werden wach. Vier Kinder mit mir auf der Flucht. Meine alten Eltern in Posen, ganz nah von diesem Bahnhof – wie sollte ich sie benachrichtigen? Günther, 14 Jahre alt, hinschicken? Das war zu riskant. In all dem Durcheinander durfte ich das nicht. Der Zug fuhr weiter. Wir haben die Eltern nie mehr wiedergesehen. Ein halbes Jahr später erreichte uns die Todesnachricht aus Posen.

*Warschau.* Leider hielt der Zug nur an dem kleinen Danziger Bahnhof und fuhr dann im Bogen um die Stadt herum, so dass man nicht viel zu sehen kriegte.

*Kuznica* – polnischer Zollgrenzbahnhof, 14 Uhr. Wir hatten drei Stunden Verspätung. Also schien es, dass wir bis morgen 11.30 Uhr warten müssten. Vorher ging kein Zug bis Leningrad. Ströme von Mitreisenden ergossen sich aus dem Zuge. Es dauerte ein Weilchen, bis das Zollgebäude geöffnet wurde und die Schlange Schritt für Schritt vorrückte. Zuerst ein Schalter für den Pass, dann ein langer Tisch mit vielen Beamten dahinter fürs Gepäck. Manches wurde tüchtig durchwühlt. Als ich dran war, winkte einer ab: ›Weiter.‹ So ging ich weiter und kam auf eine Art Bahnsteig voller Menschen. Ich ergatterte auf einer Bank einen Sitzplatz. Hier auf diesem ›Bahnsteig‹ kam man nicht vorwärts und nicht rückwärts, von allen Seiten Drahtzäune. Wahrscheinlich wird zum richtigen Bahnsteig eine Gittertür geöffnet, wenn ein Zug einfährt. Keiner regt sich auf. Wenn es heute nicht weitergeht, dann eben morgen. Ob sie alle die Nacht über hier stehen wollen? Es geht nur ein Zug am Tag nach Leningrad. Was gäbe es bei uns für ein Geschrei. Der Ort hier besteht aus etwa drei Häusern, dem Bahnhof und einer Kirche, wie mir der Schaffner sagte. Nach 17 Uhr ging ein Zug nach Grodno hinter die weißrussische Grenze. Immer noch besser, als da draußen zu sitzen. Weiter ging es nach Wilna in Litauen. Mir gegenüber saß ein polnischer Offizier mit seiner ca. 19-jährigen Tochter. Er war sehr lebhaft, wollte sich gern auf Deutsch unterhalten. So ging es bald auf Deutsch, bald Russisch – etwas anstrengend. In Grodno fand er einen passenden Zug nach Minsk. Endlich um 1.30 Uhr war ich in Wilna. Übrigens war noch eine Zollkontrolle im Zuge. Aber meine Koffer wurden wieder nicht beachtet. Ich überlegte, ob ich in Wilna ein Hotel aufsuchen sollte, um mal auszuschlafen, da fiel mein Blick auf ein Plakat: Nach Leningrad 1.45 Uhr. Dies war ein sehr langsamer Postzug. Aber die Schaffnerin meinte, wenn ich noch einen Liegeplatz fände, könnte ich mitfahren. Ein langer Wagen mit Holzpritschen, ohne Abteile. Zum Glück fand ich noch einen Platz im ›oberen Regal‹. Zwei Decken bekam ich und habe bis halb acht herrlich geschlafen. Hier war so richtig alles beieinander: junge Mütter mit kleinen Kindern, ganze Familien, alte Bäuerinnen mit Kopftuch. Alles sprach russisch. Wir waren bis 19.13 Uhr unterwegs. Und ich dachte, wir wären heute Morgen in Leningrad! Also komme ich einen ganzen Tag später in Reval an. Gut, dass ich so viel zum Essen mithatte. Der Zug stand endlos an jeder kleinen Station.

Hier in Litauen wie in Weißrussland sahen die Häuser etwas größer aus, als in Polen. Meist alles Holzhäuser. Das war eine endlose Fahrt. Aber ich hatte einen guten Sitzplatz und nette Nachbarschaft, eine Babuschka, die ihre drei kleinen Enkelinnen nach Hause brachte. Endlich waren wir in Leningrad! Was hätte ich ohne Russischkenntnisse gemacht. Ich gab mein Gepäck zur Aufbewahrung und erkundigte mich wegen eines Schlafplatzes nach Reval. Bezahlt war er ja schon in Berlin, aber nicht reserviert. Ich solle eine Taxe nehmen und zum Astoria-Hotel fahren. Dort würden die Reservierungen vorgenommen. Am Taxiplatz standen Scharen an. Also ging ich zur Bushaltestelle. Dort traf ich eine Mitreisende aus Kuznica, die hier zu Hause ist. Wir fuhren gemeinsam im Bus 60 bis zum Isaaksplatz. Dort stieg ich aus und ging ins Astoria. Die betreffende Dame war ärgerlich. Sie hätten jetzt keine Dienststunden, nur zufällig sei sie da. Ich hätte telegrafieren müssen. Täglich kämen solche falsch gewiesenen Fälle. Aber dann telefonierte sie doch mit einer Sina und siehe da, ich bekam einen Reiseplatz. Am Fahrkartenschalter des Warschauer Bahnhofs traf ich eine Frau, die den gleichen Zug nach Reval benutzte. Sie war Estin. Überhaupt gab es dauernd kleine Unterhaltungen. Als ich am Schalter anstand, kam ein altes Mütterchen ganz aufgeregt an den Nebenschalter, ging einfach an der Warteschlange vorbei und flehte die Verkäuferin an, ihr rasch eine Fahrkarte bis zur nächsten Station zu geben. Die Menschen machten ihr Platz und hörten halb mitleidig, halb belustigt zu, wie sie in den Schalter hinein rief: ›Mein Engelchen, mein Täubchen!‹ und mehr solcher Kosenamen. Sie hatte die Fahrtrichtung und den Namen der Station vergessen. Ihr wurden verschiedene Vorschläge von Ortsnamen gemacht, aber keiner war richtig. Ich weiß nicht, was daraus wurde. Ich kam an die Reihe und danach war sie weg.

*Reval, 15. August.* Rückkehr nach 30 Jahren. Kurz vor 8 Uhr morgens fuhr der sehr saubere und bequeme Schlafwagenzug mit bezogenen Betten in der Viererkabine in Reval ein: der lange Hermann, die Domkirche, St. Olai und der Stumpf des Nikolaikirchturms! ›Was fühlen Sie?‹, fragte die Danzigerin, die mit ihrer fünfzehnjährigen Tochter neben mir saß. Was sollte ich sagen? Es ist eigenartig: alles bekannt und vertraut und doch fremd, als wollte die alte Stadt sagen, du gehörst nicht mehr hierher. Nun, zur Besinnung war jetzt keine Zeit. Ich holte mir eine Fahrkarte nach Nömme für 10 Kopeken. Der elektrische Zug stand da und fuhr um halb neun ab. Lillemäggi, Tondi – bekannte Namen, der Friedhof Rahnmae, ohne Zäune und Mauern mitten im niedrigen Kiefernwald. Als ich auf der 5. Station, Nömme, ausstieg, fragte ich einen Mitaussteigenden nach der Nurme-Straße. Er wollte auch dahin und ergriff meine Koffer. Was ich denn so Schweres mitbrächte? Ich sagte: Neue Testamente. Da fing er an zu erzählen, ein früherer Baptistenprediger, sein Vater Kommunist aus Narwa. Er wollte seine Tochter, die Ärztin ist, in Nömme besuchen. Ein merkwürdiger Mann, etwas sektiererisch, legte mir Hiob 22 aus, es bezöge sich alles auf unsere Zeit. Er erzählte von seiner Heirat, von allerlei Wundern in seinem Leben. Er ist Rentner. Jeden Morgen bete er, Gott möge ihn zu einem Dienst gebrauchen, das sei wohl heute ich gewesen. Ich sagte: ›Für mich waren Sie der Engel, den Gott mir zur rechten Zeit schickte.‹

# Erstes Wiedersehen mit der alten Heimat

Aus den 185 Reisetagebuch-Seiten vom 12. August bis 6. September 1969 hier ihre ersten Eindrücke von den neuen Freunden. Mit nostalgischen Erinnerungen an alte Zeiten hielt sich Margarete von Holst nicht auf.

*Reval, Montag, 18.8.1969.*
Das war ein Tag! Ich bin ganz schwindelig vor Freude und Müdigkeit. Da Arpad Arder, der estnische Pastor, angekündigt war, sollte ich bei meinen Gastgebern Ants und Öilme R. im Hause bleiben. Als ich nach einem kurzen Gang zur Post mit der Oma zurückkehrte, fand ich Frau T. vor, eine sehr feine ältere Frau, schlank und gut aussehend. Sie hatte von meinem Hiersein durch Arder gehört und kam mit einem wunderschönen Strauß weißer Gladiolen, mich zu begrüßen. Wir setzten uns im Garten in die Sonne und hatten gleich viel mitzuteilen und zu erzählen. Sie war vor einigen Wochen aus der DDR, aus Herrnhut, Halle und Berlin zurückgekehrt. Dort hatten wir uns verfehlt, weil ich gerade bei meiner Tochter Gretel in Alt-Karin war. Sie sei Assistentin oder Gehilfin von Arder. Nächstens fliege sie nach Moskau, um dort die holländische Missionarin Corrie ten Boom zu treffen und mit ihr nach Karaganda, Dschambul und Taschkent zu fliegen. Vielleicht treffe ich die Gruppe bei ihrer Rückkehr am 6. September auf dem Moskauer Flughafen. Wir hatten uns schon allerlei erzählt, da kam Arpad Arder mit seiner Schwiegermutter an. Er brachte Rosen zur Begrüßung mit und eine Torte, die gleich zu Mittag gegessen wurde.

Arder macht einen ausgezeichneten Eindruck. Ein Mann, der acht Sprachen spricht, entschieden ein bedeutender Mensch, fröhlich, mit strahlenden Augen und doch tiefem Ernst, kurz, mit einer großen Autorität. Er erzählte von seiner ausgedehnten Arbeit als Pastor. Zur Zeit ist er bei den staatlichen Stellen in Ungnade gefallen, musste seine Gemeinde in Wesenberg aufgeben und sitzt jetzt in Groß-Johannis bei Fellin. Aber dort bekommt er keine Wohnung. Er fährt zwischen Wesenberg, wo er nicht mehr reden darf, und Groß-Johannis hin und her. Morgen früh fliegt er nach Kiew und hofft, am 23. August Corrie ten Boom in Moskau zu treffen.

Es seien jetzt viele deutsche Familien aus Kirgisien und Kasachstan nach Lettland und Estland gezogen. Meist kämen zuerst zwei Männer einer Gemeinde und sähen sich die Arbeits- und Wohnmöglichkeiten an. Dann führen sie zurück und holten ihre Familien ab. Sie seien sehr tüchtige Arbeiter, darum in Estland gern gesehen, wo es an Arbeitskräften mangele. Sehr anspruchslos begnügten sie sich mit einem Wohnraum, auch wenn sie zehn Kinder hätten. Hauptsache sie fänden Anschluss in der Glaubensgemeinde. Es seien meist Baptisten oder Mennoniten. In Wesenberg seien in wenigen Monaten 50 Gemeindeglieder hinzugekommen, alle aus Kant in Kirgisien. Sie hielten sehr zusammen, hätten ihre deutschsprachigen Versammlungen und würden auch ohne hiesige Leitung ihre Gemeinschaft aufrechterhalten. Es sei ein prächtiger Menschenschlag.

Während wir draußen saßen, bereiteten die Hausfrauen das Mittagessen vor. Dazwischen erschien noch ein Baptistenbruder Dahl aus Taps und früher Wesenberg, der mich treffen wollte. Wir kannten uns nicht, aber er hatte vor über 30 Jahren mit Walter in einer guten Allianz zusammengearbeitet. Sehr lebhaft erzählte er von den alten Zeiten. Nach dem Mittagessen um 17 Uhr war allgemeiner Aufbruch. Aber Arpad versprach, noch mal wiederzukommen, er habe jetzt noch etwas zu erledigen. Sehr gut hat er alle meine Pläne geordnet. Mein Gastgeber Ants R. verwies ja immer auf ihn. Ich solle noch keinem schreiben und keine Pläne machen, ehe Arpad käme. Das erwies sich als gut. Nun wurde eingeteilt, wer wann zu einem Gespräch kommen sollte etc.

Arpad kam noch in mein Gästezimmer nach oben. Er hatte mir als Geschenk der Deutschen in Sibirien einen wunderschönen großen Bildband von Caravaggio (1565-1609) mitgebracht, der in Dresden herausgekommen ist. Es war interessant, was er jetzt berichtete: Es gibt in der UdSSR ca. 4000 baptistische und mennonitische Gemeinden. Die Leitung sitzt in Moskau. Unter ihnen besteht seit einigen Jahren eine Untergrundbewegung. Diese lehnt sich gegen manche Ungerechtigkeiten des Staates auf, sogar öffentlich. So sind sie mit etwa 500 Leuten in Moskau vor das Gebäude des Zentralkomitees gezogen, sie wollten Generalsekretär Breschnew sprechen. Sie sangen laut und beteten laut. Es versammelten sich immer mehr Menschen, um dies nie dagewesene Schauspiel anzusehen. Sie ließen sich nicht vertreiben. Breschnew sei nicht da, hieß es. Da blieben sie bis zum nächsten Tage. Schließlich wurden sie von der Miliz in ein großes Stadion getrieben und dort aussortiert. Die meisten wurden entlassen. Etwa zwanzig wurden verhaftet und für mehrere Jahre eingesperrt. Immerhin habe man es diesem ›Besuch‹ zu verdanken, dass sie jetzt alle unbehelligter leben dürften als früher. Arpad distanziert sich von ihnen. Es seien die Partisanen des Glaubens. Aber er erkennt ihren Mut und ihre Unerschrockenheit sehr an. Es habe in letzter Zeit Erweckungen unter den Russen in Estland gegeben, berichtete er weiter.

So seien bei einer Bibelwoche in Pernau zwanzig zum Glauben gekommen, zumeist Jugendliche. Arpad hofft sehr, dass es noch einmal zu einem ganz großen Glaubensaufbruch in Russland kommen werde. Er meint, dann werde es, wie wenn das Feuer einen trockenen Wald ergreift, ein gewaltiger Brand werden. Je mehr nach Osten zu, desto mehr Glauben sei zu finden. Hier in Estland gehe es den Menschen zu gut. Da sei zu viel Lauheit unter den Christen. Wirkliche Armut sei heute auch in der UdSSR fast gar nicht zu finden. Den Deutschen, die vor Jahren verfolgt und drangsaliert wurden, gehe es jetzt gut. Sie werden wegen ihrer tüchtigen Arbeitskraft überall geschätzt. Bisher sei es nicht schwer, als Deutscher in Estland unterzukommen und gemeindemäßig registriert zu werden. In Lettland sei das schwieriger, weil mitunter zu viele aus der Untergrundbewegung dabei seien. Letztere hätten irgendwo in der UdSSR eine Untergrunddruckerei und druckten russische Bibeln. Sie seien unpolitisch und wollten nur ihre Freiheit zum Glauben haben. Als ihr Leiter verhaftet wurde, war sofort ein anderer Leiter da. Dieser wurde auf offener Straße verhaftet, aber die Sache gehe weiter. Die elf ›Brüder‹, die als Leitung der Baptisten, einschließlich der erst kürzlich abgesonderten Radikalbewegung, tätig sind, haben insgesamt 133 Jahre im Gefängnis zugebracht.

Ich fragte ihn, wie diese baptistischen Gemeinden sich und ihre Prediger finanziell erhalten. Er sagte, Kirchensteuern gäbe es nicht, nur freiwillige Gaben. Diese würden vom

Presbyterium jeder Gemeinde verwaltet. Als er noch Sekretär der Leitungsgruppe in Moskau war, bekam er seine Dienstreisen von dort bezahlt. ›Jetzt sorgt Gott und er gibt immer das Nötige,‹ meinte er, ›wir brauchen uns nur von ihm führen zu lassen. Er ist ein reicher Herr‹.

Wir beteten noch zusammen und ich begleitete ihn zur Haustür. Beim Abschied küsste er mir die Hand. Darin lag solch eine Ritterlichkeit – wie aus einer alten Zeit. Hier hat man das Gefühl, in einer großen Familie zu sein. Alle, ob es nun Baptisten, Methodisten oder Lutheraner sind, sie halten zusammen. Sonntags werden in verschiedenen Gemeinden Gedenktage oder Jahresfeste gefeiert. Da kommen sie mit Bus oder Bahn angefahren und feiern gemeinsam. Gerade das, was die Menschen in unseren Kirchengemeinden in Deutschland vermissen, diese Nestwärme – hier ist sie ganz stark vorhanden. Und als eine Zugereiste wird man einfach mit hineingenommen und man fühlt sich gleich zu Hause.

# Moskauer Tagebuch

Schon im folgenden Jahr fand die nächste Reise nach Estland statt. Die Tochter Gretel sollte ihr Geburtsland ebenfalls kennen lernen. Zunächst machte man in Moskau neue Bekanntschaften. Tagebuch Nr. 2 ist voller Begegnungen mit immer neuen Glaubensfreunden.

*Hotel Minsk, 7. Juli 1970.*
16.30 Uhr. Hurra! Wir haben es geschafft. Gretel und ich sind in einem netten Zweibettzimmer mit Dusche und WC im 7. Stock gelandet. Es war erst mal sehr langwierig und umständlich, bis alles auf dem Flughafen erledigt war. Beim Zoll nur die Angabe, was man an Geld bei sich führt, bis wir endlich hinaus konnten. Ein Taxi brachte uns in die Stadt. Ein netter Fahrer, der sehr stolz auf alle Gebäude und Denkmäler war und uns alles erklärte. Im Hotel für durchreisende Fluggäste war kein Platz, so fuhren wir zum Hotel Berlin, wo man uns einen Schein für irgendeine Stelle ausstellte, die Zimmer vermittelt. Es war die gleiche Tour, wie im vorigen Jahr. Endlich hatten wir in der Gorkistraße im Hotel Minsk unsere Heimat gefunden.

Am Abend. Wir sind nach einem ausführlichen Bummel in unserem Zimmer gelandet. Auf der Etage kann man für fünf Kopeken ein Glas Tee aus dem Samowar holen. Wir hatten noch mitgebrachte Schnitten da. Wir haben allerhand gesehen. Zuerst fuhren wir mit der Metro, die hier ganz in der Nähe ist, zum Roten Platz. Als wir einstiegen, winkte eine Frau uns zu, ich sollte mich neben sie setzen –

es war der einzige freie Platz. Wir kamen ins Gespräch. Ich fragte sie nach einiger Zeit, so wie das hier ausgedrückt wird: ›Sind Sie auch gläubig?‹ ›Auch?‹ sagte sie, ›Sie sagen auch, also Sie auch!‹ Ihre Freude war groß. Sie ist Baptistin und wollte heute Abend in die Versammlung. Und so erfuhren wir, dass es dort um 18.30 Uhr beginnt. Wir tauschten Adressen aus. Sie lud uns ein, sie zu besuchen. Sie habe zwar nur ein Zimmer, aber darin verfüge sie über Bett und Couch. Zum Abschied küsste sie uns als ›Schwestern‹.

Wir waren im Gum, diesem riesigen Warenhaus mit mehreren Etagen. Eine Menschenflut drängte durch die Gänge und Treppen. Dann sahen wir uns den Roten Platz mit dem Leninmausoleum an. Zwei Soldaten halten vor dem Eingang Wache. Über den sonnigen Platz defilieren die Menschen. Unwahrscheinlich, diese Menschenmassen. Gretel knipste viel. Wir gingen durch die sehr schönen Anlagen in den Kreml hinein, hatten aber keine Zeit mehr für die Museen und Kathedralen. Das Wetter ist herrlich sonnig und nicht zu heiß. Man sieht alles Mögliche an Minikleidern, aber nie so kurz wie bei uns. Der einzige langhaarige und bärtige junge Mann entpuppte sich als Deutscher.

Um halb sieben sollte die Baptistenversammlung im ›Malii Wysowsk. Pereulock Nr. 3‹ beginnen. An den Weg dorthin konnte ich mich noch gut erinnern. Aber wir kamen doch etwas zu spät. Ein kräftiger Gesang scholl uns auf die Straße entgegen. Ich sprach einen Mann im Vorraum an, sagte, wir seien Deutsche, und dass Gretel gerne einen Dolmetscher haben würde, um dem Gottesdienst zu folgen. Er bat uns in den bekannten Sitzungssaal und sagte, er werde gleich einen deutschsprachigen Bruder herbitten. Und wer kam? Viktor Krieger, der mich im vorigen Jahr abgeholt und begleitet hatte. Das war eine Freude! Er studiert jetzt in Hamburg an dem dortigen baptistischen Seminar. Jetzt habe er Urlaub. Als ich ihn fragte, ob er sich dort wohl fühle, zögerte er etwas und sagte dann, ja, er habe dort auch Brüder gefunden. Aber es war zu merken, dass er lieber in Moskau ist. Er brachte Gretels Fotoapparat in Ordnung. Dann führte uns der erstere Bruder hinauf auf die Empore zur Gästebank. Ein junger bärtiger Student, ein Deutscher, setzte sich zu uns und dolmetschte für Gretel das Wichtigste. Es war ein Abendmahlsgottesdienst. Vorn auf dem Altar standen zehn Kelche und ca. acht Schalen. Etwa zehn Brüder brachen Weißbrot in viele kleine Brocken auf die Schalen. Der Leiter hielt die Abendmahlsliturgie, dann gingen die Brüder mit den Schalen durch die Reihen und jeder stand auf und empfing das Brot, nachher ebenso den Kelch, der von Hand zu Hand ging. Wir wurden ganz selbstverständlich mit hineinbezogen. Eine sehr andächtige Gemeinde. Man spürte, wie sie innerlich bewegt waren und mitgingen. Beim Gebet ging es wie ein leises Rauschen oder Flüstern durch den Raum. Jeder betete leise mit. Nachher standen wir noch etwas herum und sprachen mit diesem und jenem. Der Student erzählte Gretel, dass die Jugend – im Chor sahen wir etliche – sich meist nachher im Walde versammelt. Sie nehmen es sehr ernst. Wer sich zur Gemeinde hält, macht politisch nirgends mehr mit und muss daher allerhand Schwierigkeiten leiden. Sie haben es furchtbar schwer, betonte er mehrfach.

Ein älteres Ehepaar aus Orenburg sprach uns an – auch Russlanddeutsche, die zu Besuch in Moskau sind. Sie fragten, ob wir nicht Bibeln für sie hätten. Sie persönlich seien

versorgt, aber die Menschen zu Hause ... Gretel hatte ein kleines Neues Testament mit, das gab sie Bruder Krieger auf seine Bitte hin. Er wollte uns noch mehr Bücher ausspannen. Aber wenn wir auch eine ganze Anzahl mitgenommen haben – die Wunschliste in Estland, unserem Reiseziel, ist ja so groß. Und morgen fahren wir weiter. Wir haben gar keine Gelegenheit zur Übergabe mehr.
In der Elektrischen stand eine Frau neben uns, die im Chor mitgesungen hatte. Sie und ihre Kollegin brachten uns auf den richtigen Weg. Sie fuhren ein Stück mit uns in der Metro. Gretel muss dumm daneben stehen, sie versteht kein Wort Russisch. Die Frau sagte: ›Du musst Russisch lernen, lern, lern!‹ Zum Abschied bekam Gretel einen Kuss.

Wieviel einfacher ist die Reise in diesem Jahr! Nur ein Flug von zweieinhalb Stunden bis Moskau und nachher anderthalb Stunden nach Reval. Die ganze Reise per Bahn kostete im vorigen Jahr 333 Mark Ost und diesmal 384 Mark. Allerdings zahlen wir die Fahrt von Reval nach Leningrad zusätzlich in Rubeln.

# Russlanddeutsche in Estland

Die baltischen Sowjetrepubliken galten als Sprungbrett in den Westen. Viele Deutschstämmige wollten das marode Russland hinter sich lassen. Das Reisetagebuch von 1970 enthält eine Reihe solcher Geschichten.

»Heute morgen machte ich mich mit unserem Revaler Gastgeber Ants R. in die Stadt auf. Er wollte Flugkarten für seine Frau und die Kinder besorgen. Die fliegen heute für einige Tage nach Arensburg auf die estnische Insel Ösel. Wir wollten in die Buchhandlung gehen, aber es war noch zu früh. So gingen wir noch ein wenig spazieren. Da sah er einen Bekannten, den ich vor einem Jahr in der Revaler Olaikirche kennen gelernt hatte. Ihm übergab mich Ants für eine halbe Stunde. Er selbst hatte noch etwas zu erledigen. Der Mann sprach deutsch, wenn auch etwas mühsam. Er ist Künstler, Grafiker. Er zeigte mir einige alte Winkel und Mauern in der Altstadt bei der Heiliggeistkirche. Die muss Gretel unbedingt noch knipsen.

In der Buchhandlung machte Ants mich mit dem Geschäftsführer bekannt, er solle mir Bücher empfehlen. Es wurde ein ganzer Haufen, aus dem ich mir das Beste aussuchen wollte. Aber Ants nahm das ganze Paket und bezahlte alles für mich.

Wir trennten uns. Ants fuhr nach Hause und ich zu Frau Leida T., Gretel war schon da. Frau T. hat eine reizende kleine Wohnung. Sie machte sich in der Küche zu schaffen, um das Mittagessen vorzubereiten. Da klingelte es an der Haustür und wir hörten, wie Deutsch gesprochen wurde. Jemand fragte nach ›Schwester Margarete‹. Es stellte sich heraus, dass es zwei Kirgisiendeutsche waren, die jetzt in Pastor Arders Gemeinde in der Nähe von Fellin wohnten. Ich hatte ihnen von Berlin aus Gesangbücher und Schuhe geschickt und wir hatten viele Briefe gewechselt. Jetzt hatten sie gehört, dass wir in Reval seien und sie wollten uns aufsuchen. Eine estnische Frau in Fellin hatte ihnen geraten, in die Olaikirche zu gehen, da würden sie mich bestimmt finden. Dort wusste man, dass ich im Vorort Nömme bei Ants zu Gast war und gab ihnen die Anschrift. Unterwegs dorthin beschlossen sie, vorher noch Frau T. aufzusuchen, die sie kennengelernt hatten. Und siehe da – hier trafen wir uns. Der eine, Friedrich P. ist Diakon und Tischler. Er arbeitet z.Zt. als Schweißer in einer Kolchose und hatte gerade Urlaub. Der andere, Jonathan K. ist Tierarzt, hat neun Kinder und hatte sich einen freien Tag genommen.

Nun gab es viel zu erzählen und zu fragen. Friedrich P. erzählte ausführlich aus seinem Leben. Er lebte in Kasachstan, in der Nähe von Alma Ata und war, wie er sagte, ein schlechter Mensch, trank und schlug seine Familie. Seine Schwiegermutter mahnte ihn: ›Es gibt einen lebendigen Gott, wir müssen uns zu ihm kehren.‹ Das wirkte wie ein Stachel in seinem Herzen. Wegen seines Alkoholismus verlor er seinen Arbeitsplatz und wenn er noch eine Arbeit finden wolle, so solle er woanders hinziehen. So kam die Familie nach Kant in Kirgisien, in die Nähe der Hauptstadt Frunse. Eines Tages beschloss er, mit dem Alkohol Schluss zu machen. Von da an hat er keinen Tropfen mehr getrunken. Aber der Stachel blieb. Er fing an, in der Bibel zu lesen, die er von jemandem geborgt hatte. Als er auf Johannes 3,16 stieß: ›Also hat Gott die Welt geliebt, dass er seinen eingeborenen Sohn gab, auf dass alle, die an ihn glauben, nicht verloren werden, sondern das ewige Leben haben‹, warf ihn dies Wort um. Es war Nacht. Er fiel auf die Knie und ›schrie zu Gott‹. Seine Frau wachte davon auf und begriff nicht, was da los war. Aber er kam zum Frieden mit Gott. Und von da an hielt er sich zur Gemeinde. Ein Jahr später kam auch seine Frau zum Glauben.

Friedrich P. erzählte, es sei unmöglich, dort ohne Betrug zu leben. Sie hatten eine Kuh, aber keine Weide und sie waren gezwungen, sich das Gras von den Wiesen der Kolchose zu ›organisieren‹. Das fiel ihm mit der Zeit so aufs Gewissen, dass er sagte: ›Wir müssen uns einen anderen Wohnort suchen.‹ Er reiste überall in der UdSSR umher, um einen neuen Wohnort zu finden. Am besten gefiel es ihm in Estland. So zog die Familie im Februar 1969 nach Sürgavere. Er bekam eine Zweizimmerwohnung. Über ihm wohnte ein Parteigenosse. Der ärgerte sich darüber, dass bei Friedrich P. so viele Gäste ein- und ausgingen und dass dort gesungen und gebetet wurde. Er verklagte ihn und Friedrich P. wurde zum Parteisekretär zitiert und beschimpft. Dieser Beamte schrie ihn mit lauter Stimme an. Schließlich fragte Friedrich P.: ›Warum schreien Sie so laut? Reden Sie doch leiser. Sie sind ein mächtiger Mann und ich bin vor Ihnen ein Nichts. Es ist doch eine Schande für Sie, so zu schreien.‹ Da wurde der Mann ruhig und sagte: ›Wir wollen uns einigen. Sie müssen mir versprechen, keine Versammlungen mehr abzuhalten.‹ Friedrich erwiderte: ›Ich halte keine Versammlungen. Ich kann doch Gästen, die zu mir kommen, nicht die Tür weisen. Wenn Sie nicht erlauben, dass Gäste zu mir kommen, dann heften Sie ein Plakat an meine Tür: Hier ist es verboten, einzutreten, oder: Böser Hund.‹ Damit war die Sache erledigt.

In der Arbeit wurde er dem Parteimann, der über ihm wohnte, zugeordnet, um das Schweißen zu lernen. Seitdem klagte dieser nicht mehr über ihn, sondern verteidigte ihn sogar und sagte Gutes über ihn aus, so dass er jetzt als Diakon seiner kleinen Gemeinde ruhig leben kann. Der Parteimann hat sich sogar bei ihm entschuldigt, weil er ihn angezeigt hatte.

Seine Kinder fühlten sich zuerst sehr einsam. Sie waren von Kant her an viele gleichgesinnte Jugendliche gewöhnt. Aber nun haben sie eine Sing- und Spielgruppe gegründet und sind glücklich.«

## Aussteigen verboten

Bei der Abfahrt aus Estland stellten sich überraschend viele Freunde ein, um ›Schwester Margarete‹, wie sie hier genannt wird, zu verabschieden. Aus dem Reisetagebuch Nr. 2 vom 4. August 1970.

»Gegen 16 Uhr kam in Reval die bestellte Taxe. Die Oma blieb zu Hause. ›Kommt nächstes Jahr wieder‹, bat sie. Auf dem Bahnhof kam Leida T. uns entgegen, um uns eine gute Reise zu wünschen. Wir unternahmen von Reval aus eine dreitägige Besichtigung von Leningrad. Allmählich kamen auch die Mitreisenden, Arpad mit Schwiegermutter und zehnjähriger Tochter Ade. Eine alte Frau aus der Olaigemeinde und dann noch verschiedene Begleiter wollten sich ebenfalls verabschieden: die Meriloos und eine alte Frau aus Nömme. Beim Abschied weinte unsere Gastgeberin Öilme R. Dann setzte sich der Zug in Bewegung und wir glitten aus dem Bahnhof hinaus. Wir hatten Platzkarten und saßen zu je zweien hintereinander. Arpad setzte sich zu mir und hat mir unterwegs seine Lebensgeschichte erzählt, auch ein ganzer spannender ›Roman‹.*)

In Wesenberg gingen wir zum Wagenausgang. Im Vorbeifahren grüßte uns die Ruine der alten Ordensburg und der spitze Turm der lutherischen Kirche, Walters Wirkungsstätte von 1923 bis 1939. Gretel und ich hatten ein Visum für Reval und durften uns nicht in Wesenberg aufhalten.

---

*) Seine Geschichte wurde 1990 veröffentlicht. Arpad Arder: Grenzgänger zwischen Ost und West – Ein Leben im Baltikum, Oncken Verlag.

Eine große Schar von Russlanddeutschen, Männer, Frauen und Kinder hatten sich auf dem Bahnsteig versammelt, um uns zu grüßen. Es wurde fotografiert und sogar gefilmt. Wir bekamen Blumen und Geschenke überreicht. Leider stand der Zug nur fünf Minuten lang. Aber wir konnten doch allen die Hände schütteln und Grüße und Briefe entgegennehmen. Fünf Männer, darunter Gemeindeleiter Johann D., stiegen zu, die mit unserer Gruppe nach Leningrad fahren wollten.

In Kohtla stiegen zwei russlanddeutsche Frauen zu, die uns entgegengefahren waren und nach zwei Stationen wieder ausstiegen. Dann hielten wir in Jöhvi und da war wieder eine Schar von Deutschen auf dem Bahnsteig mit Blumen und Geschenken. Ich weiß nicht, was die Mitreisenden dachten, wenn sie diese Empfänge aus den Wagenfenstern miterlebten. Sicher hielten sie uns für irgendwelche Prominenten, denn sie guckten uns ehrfürchtig und neugierig an und machten bereitwillig Platz, wenn wir jedes Mal mit Arpad zum Ausgang strebten.

Um 22.30 Uhr waren wir in Leningrad. Ein finnischer Freund von Arpad empfing uns am Bahnsteig und führte uns in seine nahegelegene Wohnung. Er hat eine russische Frau und vier Söhne und ist einer der Leiter der hiesigen Baptistengemeinde. Nun erlebten wir etwas von der typischen russischen Gastfreundschaft. Im einzigen Zimmer der Familie war ein reichbeladener Tisch gedeckt. Es gab Salate und Kartoffeln, Brot und Tee und Aufschnitt und Johannisbeeren. Nach der Mahlzeit wurde für die Schlafgelegenheiten gesorgt. Ein Lager wurde rasch und geschickt von Aljoscha, dem 16-jährigen Sohn auf dem Fußboden zurechtgemacht. Die Familie der Gastgeber fuhr mit vier Männern aufs Land in ihr Sommerhäuschen – eine Stunde von hier entfernt. Arpad und Johann D. belegten das Ehebett, das durch eine Trennwand vom übrigen Raum abgeteilt ist. Vorn schliefen wir zu Vieren, die Oma und die kleine Ade übernachteten bei einer Nachbarin. Hier bewohnen vier Partien eine Vierzimmerwohnung mit gemeinsamer Küche, Bad und Toilette. Das ist das Gewöhnliche für Leningrad! Die Gastfreundschaft ist ohne Grenzen. Wir alle bekamen Bettwäsche. Alles ist sauber und trotz Enge ordentlich.«

# Nicht nur Freunde in Taschkent

Unterwegs mit einer Ostberliner Touristengruppe nach Sibirien und Mittelasien. Es ging über Moskau, Nowosibirsk, Irkutsk, Bratsk nach Taschkent und Samarkand. Aus dem Sibirien-Reisetagebuch vom Juni 1971 sind die folgenden Erlebnisse entnommen.

»Mir scheint, ich bin die Älteste mit 69 Jahren. Ein Traum wird Wirklichkeit.

In Moskau stand ein Bus bereit und wir fuhren die 30 km in die Stadt. Es regnete Strippen. Zuerst sollten wir im Hotel Budapest zu Mittag essen und dann ganz in den Norden Moskaus hinter das Ausstellungsgelände ins Hotel Tourist, wo wir übernachteten. Da gab es nichts zu essen. Aber es gab eine Überraschung: Lauter 3- und 4-Bettzimmer und nur fünf 2-Bettzimmer – und wir haben acht Ehepaare. Also wurde ausgelost. Ich besprach mich schnell mit noch zwei netten Frauen aus dem Erzgebirge und meldete uns für ein Vierbettzimmer. So waren wir gleich bedient. Komischerweise sind die anderen so k.o., dass sie sich auf die Betten warfen. Ich merke noch gar nichts. Natürlich verlieren wir viel Zeit durch diese dauernden Busfahrten. Aber es ist nicht zu ändern. Zum Abendessen gab es wieder mehrere Gänge. Nachher durfte jeder machen, was er wollte.

Wir drei, der Berliner Theologe Dr. T., der Seelsorger R. und ich wateten bei strömendem Regen durch die Pfützen, wanderten zur Metro und fuhren zum russlanddeutschen

Pastor Pf. Schließlich fanden wir das Haus und die Tür. Inzwischen waren Hausnummern geändert worden und so landeten wir zuerst bei falschen Leuten. Der Pastor, ein alter Mann von 74 Jahren, kannte Dr. T. und freute sich über den Besuch. Seine Frau spricht nur russisch. Sie haben eine Einzimmerwohnung. Pf. ist der einzige lutherische Pfarrer weit und breit. Der nächste lebt in Kasachstan. Eine ›registrierte‹ Gemeinde gibt es nicht. Er reist viel und betreut kleine Gruppen von Lutheranern. Mit ihnen verständigt er sich auf Platt, denn hochdeutsch verstehen sie nicht. Auf die zahlreichen Baptisten war er nicht gut zu sprechen. Eigentlich war es ein trostloses Bild einer sterbenden Kirche. Wie grenzenlos vereinsamt ist dieser Mann – und irgendwie vertrocknet. Er freute sich langsam immer mehr über die Stärkung, die dieser Besuch ihm gebracht habe.

Als wir am nächsten Tage den Roten Platz und die Kremlmauern besichtigt hatten, stiegen wir wieder in den Bus und fuhren um das ganze Kremlgebiet herum. Wieder hielt der Bus. Da winkte jemand vom Bürgersteig: Johann D., der baptistische Gemeindeälteste aus Wesenberg/Estland! Neben ihm seine Nichte Maria, der ich so viele Päckchen geschickt hatte. Ich stieg aus und es gab eine herzliche Begrüßung. Johann D. wusste von unserem gemeinsamen Bekannten Pastor Arder, dass wir heute in Moskau seien und hatte uns schon im Hotel Berlin gesucht. ›Wenn das nicht eine besondere Freundlichkeit Gottes ist‹, kommentierte Dr. T …

*Nowosibirsk.* Wir müssen etwas vorsichtig sein. Irgendwie scheinen sich einige zu ärgern, dass wir fünf Christen manchmal eigene Wege gehen. Einer von uns fing so eine Bemerkung aus der Reisegruppe auf. Bei der Stadtrundfahrt setzte ich mich extra neben die betreffende Dame, die so merkwürdig kalt und abweisend ist. Nach einiger Zeit taute sie auf und wir tauschten allerlei Gedanken aus, die die Rundfahrt betrafen.

*Flug nach Taschkent.* Gestern hatte ich noch ein kleines Erlebnis in Irkutsk. In unserer Hoteletage sitzt eine Deschurnaja, die als Diensthabende die Zimmerschlüssel aufbewahrt. Es war ihr erster Arbeitstag. Unser Schweriner Ehepaar konnte nicht in sein Zimmer. Der Schlüssel war nicht da und alles Suchen blieb vergebens. Endlich gelang es, mit einem anderen Schlüssel die Tür aufzumachen. Aber die arme Frau klagte mir ihr Leid. Ich versuchte, sie zu trösten: Der Schlüssel habe doch keine Beine, um fortzulaufen. Wir wollten Gott bitten, dass der Schlüssel sich wieder finde. Sie schaute mich zweifelnd an, ihre Mutter sei gläubig, sie aber wisse nicht so recht. Ich sagte, ihre Mutter habe recht, ich könne gar nicht ohne Gott leben. ›Grüßen Sie Ihre Mutter‹. Ich brachte ihr einige russische Traktate. Am nächsten Morgen strahlte sie mich an. Der Schlüssel hatte sich gefunden. Ich gab ihr noch ein Bildchen vom barmherzigen Samariter mit einem Text auf der Rückseite, ihre Mutter wisse schon, wo die Geschichte stünde. Sie war ganz bewegt und wir verabschiedeten uns wie Freunde.

Gestern erfuhren wir, dass wir drei beobachtet werden, schon von Berlin aus. Wohl auch, weil wir zusammen gebucht hatten. Und richtig, sie sind hier sehr ungeschickt. Einer im weißen Hemd mit dickem hervorquellendem Bauch und einer mit gelbem Hemd standen immer in unserer Nähe. Etwas unheimlich. Aber die Herrnhuter Losungen lauten heute: ›Wenn ich mich fürchte, so hoffe ich auf dich‹ und ›Ich bin nicht allein, der Vater ist bei mir‹. Wie gut, das zu wissen. Wir werden unsere Reisegruppe hier also nicht verlassen. Heute kommt noch eine Extradolmetscherin dazu, um auf uns zu achten. Sehr gut, dass wir das wissen. Gestern Abend gingen wir nur ein wenig zum Platz mit dem erleuchteten Springbrunnen und beobachteten unsere Beobachter, dann zurück auf unsere Zimmer. Ich übergab die ganze Sache Gott und habe herrlich geschlafen.

E., der junge Baptistenprediger aus dem Erzgebirge, hat eine Adresse in Taschkent, das Bethaus der Baptisten. Wir gehen los – jeder für sich, denn wir wissen uns beobachtet. Es scheint, dass jemand in unserem Zimmer geschnüffelt hat. Frau Sch.‹s Kofferriemen ist halb gerissen. Die Tasche mit den christlichen Schriften stand wie ein Schuhbeutel im Kleiderschrank – unberührt. Im Kaufhaus treffen wir uns, ohne uns anzusprechen. Ich gehe rasch zur Straßenbahn und steige ein – in eine x-beliebige Richtung. E. steigt durch eine andere Tür ein. Ich frage nach der betreffenden Straße. Kein Mensch kennt sie, auch der Fahrer nicht. Wir fahren weit in die Vorstadt hinaus und steigen dort aus. Es folgt uns keiner. Ein Taxifahrer bringt uns in die Stadt zurück, aber auch er kennt die Straße nicht. Wir steigen wieder aus, niemand kann uns helfen. Aber unsere Geschenke müssen wir loswerden. Endlich weiß ein anderer Taxifahrer Bescheid, wenigstens ungefähr. Er findet die Straße. Aber Nr.25 ist ein Lehmhaus, in dem eine usbekische Familie wohnt. Eine Sackgasse daneben hat auch eine Nr.25, wir haben es gefunden! Ein alter Mann empfängt uns freundlich. Mehrere Menschen hätten hier vergeblich auf Gäste gewartet, seien aber vor einer Stunde fortgegangen. Wir wissen nicht, ob wir die Erwarteten waren. Jedenfalls können wir alles Mitgebrachte dalassen. Der Alte bekommt für seine Tochter einen Pulli. ›Nein, sowas Schönes!‹ staunt er. Er ist Baptist. Mit einem Bruderkuss verabschiedet er sich von E. Die Taxe hat gewartet und bringt uns zum Hotel zurück.

Am Abend besuchten wir eine usbekische Teestube, zwei mit Holzgeländer umgebene quadratische Balkons. In der Mitte ein ganz niedriger quadratischer Tisch auf einem Teppich. Man zieht die Schuhe aus und setzt sich auf den Teppich um den Tisch mit ausgestreckten Beinen. Es gibt grünen Tee aus Schälchen. Eine Kanne zu 5 Kopeken. Zuerst saßen wir mit einer Gruppe Usbeken zusammen. Sie sprachen russisch. Einer goss eine Tasse voll und reichte sie Herrn K. Das sei ein Willkommenstrunk und muss ausgetrunken werden. Einer reichte mir seine Tasse. Als wir neuen Tee geholt hatten, dachte ich, nun müssten wir uns revanchieren und reichte meinem Gegenüber meine Tasse. Aber vielleicht war das verkehrt. Er wurde ganz rot und verlegen, aber nahm die Tasse doch an. Dann gingen die Männer mit ihren schönen usbekischen Käppchen, die mit Silberfaden bestickt sind und 20 Rubel kosten.

*Samarkand.* Eine weiträumige Stadt von 250 000 Einwohnern. Auch hier hatten wir die Adresse des Bethauses. Und auch hier war es fast unmöglich, die gesuchte ›Professorenstraße‹ zu finden. Wir kutschten zu dreien durch die Stadt hin und her, keiner weiß Bescheid, bis endlich ein Taxifahrer uns zum Bus 7 bringt, der fahre dorthin. Im Bus erkundige ich mich. Hinter mir sitzt eine alte Frau, die sagt, sie fahre auch dahin. Wir schließen uns ihr an. Allein hätten wir es nie gefunden. Unterwegs stellt sich heraus, dass sie zum Bethaus will. Ihre Freude ist so grenzenlos, als sie hört, wer wir sind, als sei ihr die denkbar größte Überraschung begegnet. Ich habe noch ein kleines Geschenk für sie.

Die Bethäuser liegen meist in entfernten kleinen Straßen, von außen nicht erkennbar in einem Hof oder Garten. Hier wird der leitende alte Bruder, der auf demselben Grundstück wohnt, herbeigeholt. Es kommen noch einige Frauen, die schon eine Stunde vor Beginn der Versammlung da sind, nur um das Beisammensein mit Glaubensgenossen zu genießen. Einige sprechen deutsch. Unsere russische ›Führerin‹ weicht nicht von meiner Seite. Sie ist 78 Jahre alt und wohnt bei ihren Kindern. Aber die wollen nichts vom Glauben wissen, so ist sie sehr einsam.

Die Gemeinde ist nur klein, wohl an die 150 Menschen, darunter einige Deutsche, meist alte Frauen. Leider haben wir nicht viel Zeit. Es werden noch Aufnahmen gemacht, dann müssen wir gehen. Es ist 17.15 Uhr. Die Versammlung um 18 Uhr können wir nicht abwarten. Zum Abendessen müssen wir zurück sein. Unsere Alte und ein paar Deutsche begleiten uns zum Bus. Sie benutzen die kurze Wegstrecke, um ihr Herz auszuschütten. Am liebsten möchten sie bis zum Hotel mitfahren, aber das sei nicht ratsam.

Am Abend geht es per Bus zum Flugplatz. Eine olle Kiste, die Iljuschin 14, nimmt uns auf, außer unserer Gruppe noch vier Usbeken als Passagiere. Die nette Stewardess setzt sich zu mir und versorgt mich mit Bonbons. Dann fordert sie mich auf, in die Pilotenkanzel zu kommen. Sehr interessant! Ich setze mich zwischen die beiden Piloten, vor uns das Schaltbrett. Wir unterhalten uns. Natürlich verstehe ich nichts davon. Sie bieten mir eine Sauerstoffmaske an, aber ich habe sie nicht nötig. Als ich wieder auf meinen Platz ging, empfing mich die Gesellschaft mit Hallo: Was ich für eine Großmutter sei. Nicht nur, dass ich strickte und dichtete, sondern ich säße sogar in der Pilotenkanzel.«

Während des Fluges hatte Margarete gemerkt, dass unter den misstrauischen Parteigenossen ihrer DDR-Reisegesellschaft darüber gesprochen wurde, was sie wohl ständig zu schreiben habe. Als sie danach gefragt wurde, erklärte sie harmlos, sie schreibe ein Reisegedicht. Tatsächlich musste sie nun anfangen, die Ausrede wahr werden zu lassen und verfasste eine sechsseitige gereimte Erlebnisbeschreibung, die sie zum Schluss der Reise mit großem Schalk vorlas. Am Ende hieß es darin:

*Noch einmal tritt – wie öfter schon*
*der Reiseleiter in Aktion.*
*Dann heißt es auseinandergehn.*
*Ob wir uns noch mal wiedersehn?*
*Zu Ende ist nun das Gedicht,*
*voll Dank beschließ ich den Bericht.*

# Bibeln aus dem Meer

Aus dem Reisetagebuch Nr. 4 vom 13. August 1971. Der Eintrag begann übrigens mit der traurigen Bemerkung: »Vor 10 Jahren wurde die Mauer in Berlin errichtet!« Auch in Estland spürte man die allgegenwärtige sowjetische Bevormundung.

»*Reval.* Die Tage rennen nur so. Wenn ich keinen Terminkalender hätte, würde alles bald durcheinandergehen. Gretel und ich gingen durch die Stadt und kamen am ›Kiek in die Kök‹ vorbei, einem alten Festungsturm aus dem Jahre 1475. Wir stiegen die hohen Steinstufen hinauf bis zum sechsten Stock. Die alte Frau, die hier sitzt, meinte, alle Touristen, die herkämen, sagten, die Esten seien besonders freundlich. Gestern seien Italiener hiergewesen und eine Gruppe aus Marokko.

Beim Ehepaar Tammemäggi wurde Kaffee getrunken. Nachher sollten wir Grußworte sagen und singen. Der Mann nahm alles auf Tonband auf. Er ist blind, seine erste Frau war auch blind, sie ist gestorben. Die zweite sorgt sehr nett für ihn. Dieses Ehepaar gehört zur Methodistengemeinde. Sie sind Gastgeber von Olga R., einer Estin, die im Erzgebirge wohnt und übermorgen in die DDR zurückfährt. Olga R. gehört zu den Pfingstlern, Gretel und ich zur Lutherischen Kirche. Sie sind Esten, wir sind Deutsche. Das spielt überhaupt keine Rolle. Auch die verschiedenen Sprachen nicht. Der Gastgeber sprach estnisch, Gretel nur deutsch. Eigenartig, wie alle Unterschiede nicht stören, wenn man als Christen beieinander ist.

Meriloo ist der Leiter der baptistischen Olaigemeinde. Die Tochter seines Vorgängers Tärk mit Mann und Kindern wohnt im Nachbarhause. Am Nachmittag kamen sie alle herüber. Hier zeigte uns Meriloo ein Papierröllchen. Er meinte: ›So etwas habt ihr sicher noch nie gesehen oder gehört.‹ Vor einigen Wochen wurden am Strande bei Loksa Flaschen an Land gespült, jede mit 20 derartigen Papierröllchen gefüllt, die von einem Bindfaden zusammengehalten wurden. Dazu dunkelblaue Plastikbeutel mit je einer neuen russischen oder estnischen Bibel. Die Papierröllchen enthielten je ein Evangelium, eine Flasche das Matthäus- eine andere das Johannesevangelium usw., alles in russischer Sprache. Die Sendungen fanden sich in einer Länge von 30 km längs dem Strande. Ein alter Fischer wachte um vier Uhr morgens auf. Er hatte den Eindruck, er müsse an den Strand gehen, obwohl das Wetter still war. Aber es könnte sein, dass jemand seine Hilfe brauchte. Er machte sich auf und fand am Strand so einen Beutel mit einer Bibel. Da dankte er Gott, dass er ihn geweckt und ihm solch eine neue estnische Bibel geschenkt hätte.

Einige Bibeln waren nass geworden. Ein weiterer Fischer hängte sie draußen auf die Leine. Da entdeckte die Strandwache im Vorbeigehen diese seltsame ›Wäsche‹ auf der Leine und fragte, was das sei. ›Das habe ich aus dem Meer bekommen‹, war die Antwort. Als sich herausstellte, dass es Bibeln waren, wurde der Bevölkerung vorgeschlagen, die Exemplare gegen je 10 Rubel abzuliefern. Die russischen Bibeln wurden zumeist abgeliefert, auf einem Haufen zusammengetragen und verbrannt. Meriloo meinte, die estnischen Bibeln habe wohl keiner abgegeben und die seien schätzungsweise zwei Drittel der Sendung gewesen. Die

Gesamtzahl ließ sich nicht feststellen. Sie seien tief bewegt gewesen über die erfinderische Liebe der Finnen, die diese Sendung vermutlich von einem Schiff aus dem Meer anvertraut hätten.

Wir gingen an der alten deutschen Domschule vorbei, schauten in die engen Höfe hinein und strebten zur Domkirche. Ich sehe gleichsam alles zweifach: in der Erinnerung an die Kinderzeit vor 70 Jahren und jetzt. Hier bin ich mitten in der alten Zeit. Die großen geschnitzten Wappen und Fahnen an den Wänden, die Holzschnitzereien und Sarkophage. Ein Mann, der heute die Aufsicht im Dom hatte, erkannte mich, als ich ihn fragte, ob wir das von zur Mühlen'sche Wappen über der Orgelempore sehen könnten. Es ist das Wappen meiner Familie. Er holte den Schlüssel und ließ uns hinauf und zeigte uns die vielen Wappen, die alle restauriert werden sollen. Manche Angehörigen dieser Adelsgeschlechter kämen jedes Jahr hierher, andere ließen sich nie mehr blicken. Wir besuchten noch die Ausgucke vom Domberg hinunter auf die Altstadt. Bei einem Ausguck redete mich ein junges Mädchen an, sie sei mit einer deutschen Touristengruppe unterwegs. Ihre russische Führerin habe ihnen eine total verfälschte Geschichtsdarstellung gegeben. Sie wollte wissen, wie es wirklich gewesen war. Ihre Großmutter stamme von hier und habe sie ganz anders unterrichtet. In Reval sollte man solchen Gruppen besser estnische Reiseführerinnen zur Seite geben.«

# Eine mutige Familie aus Kirgisien

Bei der dritten Rückkehr nach Estland begegnete Margarete von Holst erneut aufregenden Glaubensschicksalen. Aus dem Reisetagebuch Nr. 4, Seite 117.

*Reval, 22. August 1971.* »Als wir am Sonntagabend zu unserem Gastgeber in Nömme bei Tallinn zurückkamen, stand wieder ein Auto vor der Gartenpforte. Es sprangen zwei Männer heraus. Es waren der Dirigent des Wittenberger deutschen Baptistenchores Hans S. mit Frau und kleinem Kind und Jakob W. aus Wesenberg mit seiner gelähmten Frau Tina und ihrer estnischen Gehilfin und Pflegerin Hilja und der jüngsten sechsjährigen Tochter Tinchen. Sie wollten uns kennenlernen. Das war ein sehr lieber Besuch. Tina W. ist 33 Jahre alt. Vor sechs Jahren lag sie nach einer Fleischvergiftung im Sterben. Da wohnten sie noch in Kant/Kirgisien. Die Ärzte hatten sie aufgegeben, aber sie blieb am Leben, nur mit furchtbaren Schmerzen und einer Querschnittlähmung. Als die Umsiedlung aus Kant nach Estland begann – Jakob W. war einer der leitenden Brüder der dortigen Gemeinde, die ihm nach und nach folgte – zog diese Familie nach Wesenberg. Sie haben drei Söhne und diese kleine Tochter. Im vorigen Jahr ging es ihr sehr schlecht. Drei Monate lang lag sie in Krämpfen und war meist bewusstlos. Aber jetzt geht es ihr viel besser, sie hat keine Schmerzen mehr.

Tina hat angefangen, Kinder der Gemeinde am Sonntag von 10 bis 12 Uhr bei sich zu sammeln. Durchschnittlich kommen 70 Kinder, manchmal mehr, manchmal etwas weniger. Sie haben in ihrer Wohnung eine Wand herausgerissen, um mehr Platz zu haben. In ihrer Wohnstube stellen sie kleine Fußbänke auf und legen Bretter darüber. Da sitzen die Kinder in Reihen und die Kleinsten auf ihrem Bettrande, Kinder von 5 bis 15 Jahren. Sie erzählt ihnen biblische Geschichten und lehrt sie Lieder und Sprüche. Zu Weihnachten sind es 180 und dann gestaltet sie mit diesen Kindern den Weihnachtsgottesdienst für die deutschsprachige Gemeinde. Die Kinder kommen z.T. per Bus in die Stadt. In der ganzen UdSSR ist es nicht erlaubt, Kinder christlich zu unterrichten. Erst von 18 Jahren an dürfen sie gesammelt werden. Lange Zeit ist sie nicht gestört worden und es hat sich kein Kläger gefunden. Die Menschen hatten Mitleid mit ihr und ihrem Schicksal und liessen sie in Ruhe.

Seit einem halben Jahr besitzen sie sogar ein Auto und das ging so zu: die Ärztin in Kirgisien, die sie behandelt hatte, erfuhr, dass sie noch am Leben sein solle. Das wollte sie nicht glauben. Es sei sicher nur ein gleicher Name. Schließlich bat sie die W.'s, doch nach Frunse/Kirgisien zu kommen, wo Tina im Krankenhaus gelegen hatte. Per Flugzeug reisten sie im Frühling hin. Die Ärztin staunte und meinte, wenn sie sie nicht mit eigenen Augen lebend gesehen hätte, würde sie es niemals glauben. Sie rief noch die anderen Ärzte hinzu, die sie auch behandelt hatten. Diese standen alle um sie herum und staunten. Was und wer ihr denn geholfen habe? ›Gott allein hat es getan‹, sagte Tina. Nach einiger Zeit, als die W.'s wieder in Estland waren, bekamen sie einen Brief, sie sollten sich in der Hauptstadt Tallinn ein Auto abholen. Sie konnten es kaum glauben, aber es war so. Die Ärztin in Frunse hatte es ihnen verschafft. Zwar war der Wagen sehr alt und reparaturbedürftig, aber W. ist Schlosser und versteht sich darauf. Und nun fährt der Wagen. Die Frau ist glücklich, dass sie dadurch wieder etwas vom Lande sehen kann und dass ihr Mann sie zu den Gemeindeversammlungen bringt.

Ganz prächtig ist das estnische Mädchen Hilja, das die Frau pflegt und für Kinder und Haushalt sorgt. Sie ist 24 Jahre alt. Als sie die Schule beendet hatte, lud ihre Tante sie ein, mit anderen Jugendlichen zusammen einen Ausflug zu machen. Sie wollten eine kranke Frau besuchen und bei ihr singen. Hilja stammt aus einer ganz unkirchlichen Familie und hatte keine besondere Lust, diesen Ausflug mitzumachen. Aber schließlich ging sie doch mit und bei dieser Gelegenheit war sie sehr nachdenklich geworden und sie begann zu glauben. Nachher erzählten ihr die jungen Leute, die einer christlichen Gruppe angehörten, sie hätten diesen Tag vorbereitet und dazu das Wort aus Matthäus 21, 2-3 ›bekommen‹: ›Ihr werdet eine Eselin finden und wenn euch jemand fragt, so sprecht: der Herr braucht sie.‹ ›Diese Eselin bin ich‹, sagte Hilja und nun wird sie auch gebraucht. Und dann zog die Familie W. nach Wesenberg. Seitdem ist Hilja bei ihnen als ihr guter Engel. Sie arbeitet tagsüber in der Sparkasse, aber die freie Zeit gehört der Familie W. Ganz ohne Gehalt und ohne jede Krankenversicherung hat sie ihr Leben diesem Dienst verschrieben, mit fröhlichem Gesicht und stillem Wesen. ›Den Lohn wird sie einmal im Himmel bekommen!‹, sagte Jakob W. Sie spricht mit den Kindern Estnisch, mit den Eltern Plattdeutsch, wie die Deutschen hier untereinander reden. Sie gehört ganz zur Familie.

Der älteste zwölfjährige Sohn geht in die russische Schule. Seine Klassenlehrerin hat ihn immer wieder überredet, zu den kommunistischen ›Jungen Pionieren‹ zu kommen. Er hat sich standhaft geweigert, so sehr sie ihm auch zusetzte. Eines Tages ließ die Lehrerin den Vater kommen und sagte ihm: ›Gehen Sie bitte und kaufen Sie ihrem Sohn einen Anzug und bringen Sie mir die Rechnung.‹ Er staunte nicht schlecht und konnte es kaum fassen. Und sie sagte: ›Von jetzt an wird er nicht mehr von mir drangsaliert werden, seine Standhaftigkeit hat mir imponiert. Er wird es gut bei mir haben.‹ Als er gehen wollte, rief sie ihm noch nach: ›... und kaufen Sie ihm noch ein neues Hemd dazu.‹ Davon waren die W.'s ganz überwältigt. Die beiden kleineren Jungen gehen in die estnische Schule. Dort haben sie es sehr viel leichter, als in den russischen Schulen, denn leider sind die Lehrerinnen in den russischen Schulen meist Frauen von russischen Offizieren und die mögen die Deutschen nicht. Da die Deutschen in Kirgisien es in der Schule leichter hatten – es wurde nicht so viel verlangt – kommen sie hier nicht so gut mit. Das ist den Lehrerinnen ein Ärgernis und oft spotten und höhnen sie und sagen: ›Betet doch zu eurem Gott, er soll uns Brötchen vom Himmel schicken.‹ Und die Kinder kommen ganz unglücklich nach Hause und wissen nicht, wie sie sich wehren sollen. Die Mütter sagen ihnen: ›Seid ganz still und sagt keinen Ton.‹ Ein anderer kleiner Junge aus einer deutschen Familie hatte, als die Lehrerin anfing zu spotten, die Hand gehoben und gefragt, ob er hinausgehen dürfe. Die Lehrerin meinte, er wolle austreten und ließ ihn gehen. Dann blieb er aber vor der Tür stehen und wartete dort so lange, bis er hörte, dass das Spotten aufgehört hatte. Da kam er wieder herein. Er wollte sich das einfach nicht anhören.«

Als der christliche Einfluss von Tina auf die Jugend den Behörden zu Ohren kam, gab es Vorladungen, Verwarnungen, Drohungen und Verbote. In der Schule hatten die Kinder zunehmend unter Absonderung und Prügeleien zu leiden. Inzwischen hatten die Eltern ihre Ausreise in die Bundesrepublik beantragt. Diese wurde jedoch verweigert. Als die zuständige Behörde merkte, dass der christliche Glaube der Familie nicht zu brechen war, wurde der gelähmten Frau mit einer Gefängnisstrafe gedroht. Da die befreundeten Familien und ihre Gemeinde jedoch zu ihr standen, beschloss die Verwaltung, sie kurzerhand auszuweisen, um aus ihr keine Märtyrerin zu machen. Innerhalb weniger Tage war die Familie gezwungen, ihr Auto, ihr Haus und alle Habe zu veräußern und nur mit einer Gitarre und dem, was die vier Kinder tragen konnten, nach Deutschland abzufliegen. Jakob trug seine Frau auf den starken Armen, da ihr Rollstuhl dableiben musste. So traf die Familie am Weihnachtsabend 1974 im Lager Unna-Maaßen ein.

Hilja war jahrelang von ihrem spöttischen Bruder gescholten worden, dass sie bei diesen Deutschen unentgeltlich Dienst tat. Als sie nun zum Dank für die jahrelange Pflege das kleine Haus geschenkt erhielt, das Jakob in Wesenberg für seine Familie gebaut hatte, freute sie sich, dem Bruder zeigen zu können, wie Gott für seine ›Eselin‹ sorgte. Dort wohnte sie seither und als Margarete von Holst im Jahre 1989 mit uns zwei Söhnen, unseren Frauen sowie zwei unserer drei Schwestern zum ersten und letzten Mal gemeinsam Estland bereiste, konnten wir Hilja inmitten ihres schön gepflegten Gemüse- und Obstgartens besuchen. Unsere Mutter freute sich, uns mit solchen estnischen Freunden bekannt zu machen.

## ›Vater, Vater!‹

In drei aufeinanderfolgenden Reisetagebüchern von 1969, 70 und 71 ist von Begegnungen mit dem estnischen lutherischen Pastor Haamer die Rede. Margarete von Holst bedauert am Anfang der letzten Niederschrift: »Das hätte auf einem Tonband festgehalten werden müssen«. Hier folgt eine Zusammenfassung.

»Wenn man in der Sowjetunion mit älteren Menschen zusammen war und sie nach ihrem früheren Leben fragte, dann war man jedes Mal von ihren schweren Schicksalen betroffen. Damit könnte man Bände füllen. Ich will hier als Beispiel vom estnischen Pastor Harri Haamer berichten. Er war zuletzt, als er mir seine Geschichte erzählte, 80 Jahre alt, aber immer noch im Amt.

Haamer war Pastor in einer estnischen Gemeinde der Universitätsstadt Dorpat. In den Vierzigerjahren – Estland war 1942 endgültig von der Sowjetunion annektiert worden – wurde ihm bedeutet, er habe jetzt anders zu predigen, als bisher. Er habe vor allem die Jugend ›sozialistisch‹ zu erziehen. Er sagte, sein Auftrag sei, das Evangelium zu verkündigen. Nach einiger Zeit wurde er verhaftet. Bei der anfänglichen Leibesvisitation fand die Miliz, so nannte sich die kommunistische Polizei – sein kleines Neues Testament. Es wurde ihm abgenommen. Der Milizionär warf es in die Mülltonne. Er protestierte und bat, ihm das Neue Testament zu belassen, er brauche es, wie der Milizionär das Brot, ohne welches er nicht leben könne. Ein Offizier hörte den Wortwechsel und fragte, was da los sei. Der Milizmann sagte, das scheine ein Verrückter zu sein. Er behaupte, dies Büchlein dort sei seine Nahrung. ›Dann gib ihm das Buch‹, entschied der Offizier.

Zusammen mit fünfhundert Esten kam Haamer in einen Transport nach Sibirien. Viele Männer saßen mit ihm zusammen in einem Eisenbahnwaggon. Jeden Tag kamen die Wachen herein und zählten die Gefangenen. Dabei schlugen sie sie mit ihren Knüppeln. Aber keiner wagte zu protestieren. Haamer wurde das zu viel. Eines Tages fragte er den Wächter: ›Warum schlägst du mich?‹ Dieser fing an, zu fluchen und zu schimpfen. Da sprang Haamer zur Tür und hämmerte mit beiden Fäusten dagegen, bis ein Offizier herankam und fragte, was los sei. Haamer sagte, man habe ihn geschlagen. ›Wen noch?‹ – wieder wagte keiner, sich zu melden. Von da an wurden die Gefangenen in Ruhe gelassen. Das hatte Haamer die Achtung der Mitgefangenen eingebracht und nun fingen sie an, ihn zu beobachten, wenn er in seinem Neuen Testament las. Schließlich baten sie ihn, ihnen daraus vorzulesen. Sie wurden immer weiter in den Nordosten verschleppt. Es ging bis Magadan am Ochotskischen Meer und schließlich in ein Bergbaugebiet nördlich der Kamtschatka. In fünf Baracken wurden die Männer untergebracht. Haamer hat die Jahre von 1948 bis 1955 dort zugebracht. Bald hatte sich herumgesprochen, dass er ›ein Priester‹ sei. In allen Baracken erwarteten sie ihn mit seinem Neuen Testament. Da er sehr geschickt war, musste er in der Tischlerei arbeiten und brauchte nicht ins Bergwerk einzufahren. Außerdem erhielt er die Aufgabe, den Bergleuten ihre Werkzeuge auszuteilen.

Wenn die Männer am Abend wieder in ihre Baracken zurückkehrten und er seine Norm erfüllt hatte, erklärte er seinem Aufpasser, er müsse dort die Pritschen reparieren und dies und jenes ausbessern. Er nahm sein Werkzeug unter den Arm und ging von einer Baracke zur anderen. Die Gefangenen warteten schon auf ihn und den Trost, den er ihnen aus seinem Neuen Testament vorlas und verständlich machte. Meist hatte er am Tage vierzehnmal zu ›predigen‹, so dass er abends todmüde war und kein Wort mehr herausbrachte. Alle kamen mit ihren Nöten oder Sorgen zu ihm.

Eines Tages entdeckte ein Milizmann, als er durchs Fenster lauerte, dass Haamer aus seinem Büchlein vorlas. Sofort nahm er es ihm weg und sperrte Haamer unter verschärften Arrest. Als er nach einigen Tagen wieder herausdurfte, bat er um sein Neues Testament. Es wurde ihm verweigert. Da drohte er, dann er werde er den Gefangenen auch die Werkzeuge nicht austeilen. Die Männer scharten sich um ihn und nahmen eine drohende Haltung ein. Obwohl sie unbewaffnet waren, bekam der bewaffnete Aufpasser Angst und gab das Neue Testament heraus, allerdings unter der Bedingung, dass Haamer nicht mehr daraus vorlesen dürfe. Dieser holte sich ein dickes Buch aus der Lagerbibliothek und ging damit in die Baracken. Die Miliz konnte nicht feststellen, dass das Neue Testament im Buch versteckt war und den Gefangenen weiterhin Hilfe und Trost brachte.

Hoffnungslosigkeit war die größte Gefahr für alle Gefangenen. Dann siechten sie bald dahin und starben. Auch Haamer wurde krank, als er in die Arrestzelle gesperrt worden war und hungern musste. In der Krankenbaracke lag ein junger Mann im Nebenraum, ein ehemaliger Offizier.

Dieser hatte alle Hoffnung verloren und wollte nichts mehr essen. Seine Ration tauschte er gegen Tabak ein. Haamer versprach ihm seine Tabakzuteilung, wenn er wieder Brot zu sich nähme. Er ging darauf ein und kam langsam zu Kräften. Haamer fragte ihn: ›Bist du ein Christ?‹ – ›Ja.‹ – ›Glaubst du an Gott?‹ – ›Ja.‹ – ›Glaubst du, dass Jesus damals im Boot den Sturm gestillt hat?‹ – ›Ja.‹ So brachte er ihn langsam dazu, sein Vertrauen auf Jesus zu setzen. Und dann lernte er den Satz ›Es gibt bei den Christen keine Hoffnungslosigkeit!‹ Als Haamer aus der Krankenbaracke entlassen wurde, schickte der andere ihm ein Zettelchen: ›Es bleibt dabei, Hoffnungslosigkeit gibt es nicht.‹

Auch mit einem islamischen Mullah und seinen Anhängern führte er häufig Gespräche über den Glauben. Solange es nur um ›Allah‹ ging, verlief alles gut. Auch seine Version von der ›Moral des christlichen Koran‹ fand anfangs Zustimmung. Als er aber von Jesus und seinem Erlösungstod sprach, murrten sie in ihrer usbekischen Sprache. Das passte ihnen gar nicht. Ein Professor der Biologie war unter den Gefangenen. Er war Atheist und versuchte Haamer zu überzeugen, dass ›die Bildung und die Kultur die Säulen sind, die uns halten, wenn alles um uns zusammenbricht.‹ Dann kamen sie in verschiedene Lager. Als sie sich wieder sahen, war der Professor am Ende der Kräfte. Er musste Kohlen schippen, war krank und verzweifelt: ›Jetzt ist es aus, auch Bildung und Kultur helfen nicht mehr.‹ Er hatte alle Hoffnung aufgegeben. Haamer versuchte, ihm durch das Evangelium neue Hoffnung zu geben, weiß aber nicht, was aus ihm geworden ist.
Ein russischer Sektierer weigerte sich, am Sonntag zu arbeiten. Er wurde geschlagen und eingesperrt. In der nächs-

ten Woche weigerte er sich erneut. Haamer versuchte, ihm klarzumachen, dass Zwangsarbeit keine Sonntagsentheiligung sein könne. Er solle nur in seinem Herzen Sonntag feiern und immer vor sich hin sagen: ›Woskressenije – Auferstehungstag‹, so heißt der russische Sonntag. Schließlich war der Mann dazu bereit und Haamer nahm ihn neben sich, als es am Sonntag zur Arbeit ging. Der Mann murmelte immerzu vor sich hin ›Woskressenije‹ und wurde dadurch ganz fröhlich.

Das schlimmste Erlebnis war, als eines Tages ein Transport von Schwerverletzten ankam. Die Brigade, der Haamer zugeteilt war, sollte sie am Zuge empfangen. Einige waren blind, anderen fehlten die Finger oder ein Fuß. Meist hatten sie sich selbst verstümmelt, um dem grausamen Bergwerk zu entrinnen. Dann wurde seine Brigade verladen. Sie sollte die Transportierten ersetzen. Es ging zum Hafen von Magadan. Am Hafenkai sollten die Männer sich hinsetzen. Es wütete ein schrecklicher Sturm. Ein Gefangener sprang auf und stürzte sich ins Hafenbecken. Er ertrank. Da überkam Haamer eine solche Verzweiflung, dass auch er aufsprang um sich ebenfalls ins Wasser zu stürzen. In dem Augenblick hörte er innerlich die Stimme seines Sohnes: ›Vater! Vater!‹ Er kam zur Besinnung. Diese Stimme hatte er zuletzt gehört, als sein Sohn krank war. – Damals standen schon die Männer draußen, die ihn abführen sollten. Der Vater wusste nur von einer Vorladung. Aber als der Sohn ihn rief, er wolle ihm noch etwas sagen, antwortete der Vater ›Ich habe jetzt keine Zeit – später, wenn ich zurück bin.‹ Das ›später‹ sollte erst nach acht Jahren sein, als der Sohn 20 Jahre alt war. – Nun zog ihn ein Mitgefangener herunter: ›Setz dich, sonst schießen sie!‹ Das Begleitkommando hatte zumeist erhebliche Angst vor den Gefangenen. Es hatte öfter Meutereien gegeben. Dann wurden sie in ein Schiff verladen. Damit das schneller ging, wurden sie einfach die Leiter hinuntergestoßen, in den unteren Laderaum. Manche brachen sich dabei die Rippen, Arme oder Beine. Haamer war früher Schiffsjunge gewesen. Er ließ sich an der Leiter hinuntergleiten und versuchte, die Nachkommenden in Empfang zu nehmen, damit sie nicht auf dem Eisenboden aufprallten. Die nächsten elf Tage unter Deck waren die schlimmsten. Beim furchtbaren Seegang wurden alle krank. Sie konnten nichts essen. Als sie schließlich ankamen, waren sie so entkräftet, dass Haamer z.B. von zwei Männern halbwegs getragen werden musste. Dann mussten sie in Goldminen arbeiten.

Als Stalin tot war, wurde es besser. Bis dahin waren sie Pass- und rechtlos. Sie hatten nur ihre Nummern auf dem Rücken getragen. Namen waren unbekannt. Einmal hatte Haamer zusammen mit einem Dieb im Arrest gesessen. Der sagte: ›Mach es wie ich.‹ Als der Wachhabende ihn nach seinem Namen fragte, nannte der Dieb irgendeinen ausgedachten. Da bezeichnete Haamer sich mit dem Namen: ›Kallis Armas‹, estnisch für ›Lieber Guter‹. Er war einmal einem anderen Christen begegnet, der tatsächlich Kallis hieß. Und so wurde er fortan in der Haft genannt. Als dieser Name jedoch in herabsetzender Absicht aufgerufen wurde, konnte er nachweisen, dass das nicht sein Name war.

Nun durften sie die Nummern abtrennen und wieder ihre Namen tragen. Sie durften frei wohnen, mussten aber arbeiten und zur wöchentlichen Anwesenheitskontrolle gehen. Mit elf anderen Esten baute er sich eine kleine Baracke. Arbeit bekam er als Drechsler und musste außerdem Särge bauen.

Wenn Haamer in der Werkstatt arbeitete, kamen öfter drei kleine Mädchen und sahen ihm zu. Er drechselte ihnen dann Püppchen und wenn sie neues Spielzeug haben wollten, kamen sie wieder. Als er sich einmal, wie jede Woche im Büro der Miliz meldete, entdeckte Haamer eins der kleinen Mädchen neben dem zuständigen Offizier. Die Kleine erkannte ihn, flüsterte dem Vater etwas zu und zeigte auf Haamer ›Du bleibst hier!‹, befahl der Offizier. Als alle Gefangenen abgefertigt waren, fragte er: ›Warum bist du hier im Lager?‹ ›Das müsst Ihr doch wissen‹, entgegnete Haamer, ›sieben Jahre bin ich jetzt hier und noch nie hat ein Verhör stattgefunden.‹ ›Ich will in deinen Akten nachsehen, du kannst jetzt gehen‹, war die Antwort.

Nach einigen Wochen ließ der Offizier Haamer rufen und sagte: ›Ich habe deine Papiere nach Moskau geschickt. Sie haben festgestellt, dass du unter einem falschen Paragraphen verurteilt worden bist. Du bist rehabilitiert und kannst nach Hause fahren.‹ Aber woher sollte er das Reisegeld nehmen? Da erhielt er den Auftrag, 10 000 hölzerne Steckdosen zu drechseln. Mit seinem Verdienstanteil bekam er nach fieberhafter Arbeit das nötige Geld zusammen. Mit einem anderen Strafentlassenen machten sie sich auf die Reise: neun Flugstunden bis nach Chabarowsk, das über 2000 km entfernt liegt und dann mit der Sibirischen Eisenbahn 13 Tage bis Moskau. Als sie in Chabarowsk anlangten und Fahrkarten lösen wollten, stellte er fest, dass die Schlange der Wartenden nicht nur die Bahnhofshalle füllte, sondern sich drei Kilometer weit am Bahndamm entlang hinzog. Drei Tage und Nächte dauerte es, bis sie dran waren. Nachts wechselten sie einander ab. Einer wachte bei den Holzkisten mit ihren Habseligkeiten, während der andere schlief. Diebe umschlichen sie vergebens. Schließlich waren sie an der Reihe. Sein Gefährte erhielt die letzte Platzkarte. Haamer musste ohne fahren. Für einen Schlafplatz reichte es ohnehin nicht. Auch fürs Essen unterwegs hatte er nur 3 Rubel übrig. Aber er dachte, wenn ich elf Tage im Bauch des Schiffes ohne Nahrung auskam, halte ich die 14 Tage bis nach Hause auch durch. Dann stieg er ein und kam in ein Abteil mit einem Gelehrten, einem Lehrer, einer Studentin und einem Offiziersehepaar. Wie die Russen so sind, gab es bald eine herzliche Freundschaft zwischen ihnen. Der Älteste wandte sich an die Mitreisenden: ›Wir werden lange miteinander unterwegs sein, wir wollen uns bekannt machen. Ich bin Major und neben mir sitzt meine Frau.‹ Nun stellte jeder sich vor: ›Ich bin Studentin, ich bin Lehrer‹ usw. Als Haamer an der Reihe war, sagte er: ›Ich bin ein entlassener Strafgefangener aus Sibirien.‹ Er merkte, wie die Mitreisenden innerlich von ihm abrückten und nach ihrem Gepäck schielten. Dann schlug der Major vor, sie sollten ihren Proviant zusammenlegen und gemeinsam essen. Haamer kletterte auf die obere Pritsche und holte sein Neues Testament hervor. Da stand die Studentin auf und lud ihn zum Mitessen ein. Zuerst fragte sie noch, was er da lese. Es schien ihr Vertrauen einzuflößen. Er lehnte ab, er wolle sie nicht stören. Aber er merkte, wie sie den Mitreisenden alles erzählte und sie nach ihm schielten und miteinander flüsterten. Da kam der Major, trat an seine Liege heran und lud Haamer ein, mit ihnen zu essen, sie wären sonst gekränkt. Von da an war das Eis gebrochen und er gehörte zur Reisegemeinschaft im Abteil.

Nach einiger Zeit fragte ihn jemand: ›Was ist das für ein Büchlein, in dem Sie so viel lesen?‹ Keiner wusste, was das Neue Testament war. Lesen Sie uns doch daraus vor, schlug der Major vor. Von da an las Haamer täglich daraus vor und erklärte die Texte. Es kamen auch immer mehr Reisende aus anderen Abteilen dazu.

Die Reisegruppe veränderte sich. Einige stiegen aus, andere stiegen ein. Einmal stieg ein Milizionär mit einem etwa zehnjährigen Jungen ein. Es war wohl einer der ›Besprisorni‹, der ›Verwahrlosten‹, die sich scharenweise in Sibirien herumtrieben und stahlen. Wenn die Polizei einen fasste, wurde er in ein Kinderheim gebracht. Diese Aufgabe gefiel dem Polizisten offenbar nicht, er machte ein finsteres Gesicht. Haamer fürchtete, er werde ihm das Neue Testament wegnehmen und beschloss, an diesem Tage das Vorlesen zu lassen. Aber als die gewohnte Stunde da war, fragte ihn sein Nachbar: ›Nun, warum lesen Sie nicht vor?‹ Haamer deutete auf den Polizisten und äußerte leise seine Befürchtung. Da sagte sein Nachbar zum Polizisten: ›Dieser Mann hat uns täglich was vorgelesen und jetzt hat er Angst, Sie könnten ihm das Buch wegnehmen.‹ ›Fang an!‹, befahl der Polizist. Und als er die biblischen Geschichten hörte, wurde er einer der eifrigsten Zuhörer – so etwas hatte er noch nie gehört. Sein Schützling nutzte die Gelegenheit und entwischte aus dem Abteil. Aus dem fahrenden Zuge konnte er nicht springen, aber er organisierte sich eine Zigarette und kam rauchend in sein Abteil zurück. ›Seit wann rauchst du denn?‹, fragte Haamer ihn. ›Von meiner Kindheit an‹, erwiderte der Knirps.

Eine junge Komsomolzin stieg zu. Mit einem spöttischen

Lächeln hörte sie zu. Nach einigen Tagen bat sie Haamer auf den Gang hinaus und fragte ihn, wie das sei. Ihre Großmutter sage, wenn sie nicht getauft werde, ginge sie verloren und käme in die Hölle. Was das sei, die Hölle? Haamer versuchte, ihr alles zu erklären und zuletzt meinte sie: ›Wenn ich wieder nach Hause komme, will ich mich doch taufen lassen.‹

Der Major zankte dauernd mit seiner Frau. Haamer ermahnte ihn: ›So dürfen Sie nicht mit Ihrer Frau umgehen.‹ ›Ach, das habe ich nicht gewusst‹, war die Antwort, ›ich will es nicht mehr tun.‹ Aber er vergaß sich immer wieder und Haamer musste ihn mehrfach daran erinnern. Als der Major und seine Frau schließlich ausstiegen, sagte er: ›Ich danke Ihnen. Jetzt habe ich gelernt, wie man seine Frau behandeln soll.‹ Und seine Frau meinte: ›So gut habe ich es mit meinem Mann noch nie gehabt.‹

Die Frau von Harri Haamer war mit ihren vier Kindern in Dorpat geblieben, als er gefangengenommen wurde. Ein Jahr später wurde sie gewarnt, jetzt würden auch die Frauen der Deportierten aufgegriffen, sie solle fliehen. Frau Haamer brachte die beiden Kleinen zu Bekannten, die großen Jungen nahm sie mit und versteckte sich mit ihnen unter den Bettstellen eines Internats. Drei Tage blieben sie dort, dann hieß es, die Luft sei rein, sie könnten fliehen. Sie fuhren per Bahn zum Peipussee, durch den die Grenze zwischen Estland und Russland verläuft. Dort in den Wäldern versteckten sich die sogenannten Waldbrüder, Männer die schon vor Hitlers und nun vor Stalins Zugriff geflohen waren. Sie machten die Gegend unsicher und die Polizei wagte sich nicht in dieses sumpfige Gebiet.

Am Waldrand stand ein Bauernhaus, da wohnte ein altes Ehepaar, das die Haamers aufnahm. Im Wohnzimmer wurden Bodenbretter hochgehoben, eine Leiter führte in einen Kellerraum. Das war für mehrere Jahre der Aufenthaltsort für Frau Haamer und ihre Söhne. Sie kamen nur ans Tageslicht, wenn ›die Luft rein‹ war. Dann wurde die Kuh der alten Leute gemolken und Frau Haamer kochte für alle das Essen. Es war keine leichte Zeit. Sie blieb ohne jede Nachricht von ihrem Mann und von den Kleinen.

Als Haamer frei wurde und nach Hause kam, konnte sie ihr Versteck verlassen und es gab ein frohes Wiedersehen. ›Nun hat Gott uns das Leben wiedergeschenkt, es soll fortan nur ihm gehören‹, beschlossen sie.

Im Revaler Konsistorium wurde ihm gesagt, nach Dorpat könnten sie nicht zurück. Aber es gebe im Süden des Landes eine kleine Gemeinde, in der kein Pastor es länger aushielte, als ein bis zwei Jahre. ›Wenn Ihr zwei Jahre dort bleibt, bekommt Ihr eine bessere Stelle‹, hieß es. Haamers sind nun schon über dreißig Jahre dort und sie haben besonders unter der Jugend mit großem Segen gewirkt. Er konnte mit über 80 Jahren nicht in den Ruhestand gehen, weil es keinen Nachfolger gab. Nun warteten sie darauf, dass ein Enkel mit dem Theologiestudium fertig werde und die Stelle des Großvaters übernehmen könne.

Als ich Haamer nachher fragte, ob er die schweren Jahre in Sibirien aus seinem Leben streichen wollte, meinte er nach längerem Nachdenken, einer der zu Gottes Königreich gehöre, sehe die Dinge aus einem anderen Blickwinkel. Für ihn sei es schließlich nicht so wichtig, wie die Lebensumstände seien, wenn nur Gott ihn benutzen könne.«

## Im Flughafen Scheremetjewo festgehalten

Im Juli 1972, als Margarete und Gretel von Holst über Moskau nach Reval fliegen wollten, hatten sie einen ganzen Koffer mit Bibeln und Schriften bei sich. Das Reisetagebuch Nr. 5 schildert, was dann geschah.

»Auf dem Flughafen Scheremetjewo kam alles ganz anders, als wir es uns erhofft hatten. Wir gerieten an eine Zöllnerin, unsere Koffer wurden durchwühlt und wir mussten uns in einem Extraraum verhören lassen.«

Der gesamte Kofferinhalt wurde auf dem Tisch in der Mitte ausgeleert. Da entdeckte sie zuoberst ihr kleines Notizbuch, das ihre sämtlichen russischen Adressen enthielt. Unauffällig schob sie sich zwischen Tisch und verhörenden Beamten. Dann griff sie hinter sich nach dem Notizbuch. Im Nu waren die Seiten herausgezogen und in ihre Manteltasche geschoben. Dann begann sie, fingierte Adressen auf die leeren Seiten zu schreiben. ›Was machen Sie da?‹ hieß es plötzlich. Sie legte das Büchlein zurück. Er hatte nichts gemerkt.

»Es wurde ein Protokoll aufgenommen, alle Bücher wurden uns abgenommen und wir wurden – ohne Reisepässe – in ein kleines Hotel eingesperrt, das gegenüber dem Flughafengebäude lag.

Jeden Morgen ließen wir uns zurückgeleiten, im Hotel gab es nichts zu essen, und hielten uns tagsüber auf der Terrasse und in der frischen Luft auf. Mit uns war noch eine armenische Nonne eingesperrt. Sie kam aus dem iranischen Armenien über Teheran und Paris und wollte ihren Bruder im sowjetischen Armenien besuchen. Sie hatte in mehreren Taschen allerlei Schmuck, Wolle und Kleidung bei sich, um dem Bruder in seiner Armut zu helfen. Alles wurde ihr im Zoll abgenommen. Sie sprach persisch, türkisch und französisch. Die Verständigung war mühsam. Mein Schulfranzösisch hatte ich vergessen. Was sie sagte, konnte ich verstehen, aber ich konnte nicht mit ihr sprechen. Zum Glück gesellte sich noch ein junges Mädchen aus Bonn zu uns, die das Französische beherrschte.

Sie war einmal beim deutschen Botschafter in Moskau für dessen Kinder angestellt gewesen und wollte die Familie besuchen. In Deutschland hatte sie das Flugzeug verpasst, aber ihr wurde bedeutet, sie könne ein nächstes nehmen, ihre Gruppe würde auf sie warten. Als sie in Moskau ankam, hatte sie kein Visum und wurde zu uns ins Hotel gesperrt. Ich fragte sie nach ihrem Namen. S. v. H. von einem mir früher gut bekannten livländischen Familiengut. Also war sie eine Baltendeutsche. Gleich stellten wir fest, daß wir verwandt waren. Sie durfte als erste heraus, nachdem sie bei der Deutschen Botschaft angerufen hatte und wurde mit einem Dienstfahrzeug abgeholt. Vorher wurde die arme Nonne ohne ihre Geschenke, darunter viele Heiligenbilder und Medaillons für die Kinder, in den Iran zurückgeschickt. ›Nun werde ich meinen Bruder in Erewan nie mehr wieder sehen‹, sagte sie ganz traurig. Zwei Jahre lang hatte sie um das Visum gekämpft und all ihr Geld für die Reise gespart.

Es war erstaunlich, dass wir sorglos schlafen konnten. Nach vier endlosen Tagen wachten wir sehr getrost auf, heute würde sich unser Schicksal gewiss entscheiden. Die Herrnhuter Losung war so tröstlich: ›Bei den Menschen ist es unmöglich, aber nicht bei Gott, denn alle Dinge sind möglich bei ihm.‹ Wir waren richtig gespannt, wie er es tun würde. Der verhörende Beamte, den wir endlich ansprachen, war sehr erstaunt, dass wir noch immer da waren, er habe mit unserer Sache nichts mehr zu tun: ›Wir haben sie der Auslandsabteilung übergeben‹. Das war ein Schreck! Was war nun mit der Verheißung? Wir fingen an, die Losung in Verse zu fassen. Gretel bekam es besser zustande:

*Nichts ist unmöglich, Herr bei dir,*
*so sagt es uns dein Wort.*
*Das gilt in unsrer Lage hier*
*und immer fort und fort.*
*Wenn wir vor großen Bergen stehn*
*und sehen nur Gefahr –*
*wir wissen, du wirst mit uns gehn,*
*denn was du sagst, bleibt wahr.*

Wir sagten uns Verse auf und spielten Halma. Es war der schwerste Vormittag. Es gab keinen Anruf, keine Nachricht von der betreffenden Stelle. Wir beobachteten wieder die Flugzeuge, die ankamen und aufstiegen. Eine rotbelegte Treppe wurde da angefahren, eine Delegation stand bereit, irgendwelche Gäste zu empfangen – die aber stiegen woanders aus, über eine gewöhnliche Treppe. Es gab einige peinliche Momente und nachher ein großes Palaver zwischen den Piloten und dem Bodenpersonal über die Schuldfrage. Später kamen sehr malerisch gekleidete Afrikaner, ein buddhistischer Mönch mit gelbem Gewand und Gammler mit langen ungepflegten Haaren und sonderbaren Manieren, Frauen in ungewöhnlicher Aufmachung, manchmal kam man sich vor wie auf einem Maskenball. All dies Interessante lenkte uns ab vom unnützen Grübeln. Als wir nachmittags ins Hotel kamen, empfing uns der Aufsichtshabende mit einem Zettel, wir dürften unsere Pässe abholen – und nach Estland weiterreisen! Das hatten wir nicht mehr erwartet. Dann kam ein Offizier heraus, hielt uns eine kleine Mahnrede und übergab uns die Pässe.

Als wir in der Halle saßen und auf den Zubringerbus für den Inlandsflug warteten, kam der Zollbeamte vorbei und fragte: ›Nun, wie geht es Ihnen denn?‹ ›O, sehr gut‹, sagte ich auf russisch, ›Wir dürfen sogar weiterreisen‹. Er schüttelte den Kopf und meinte: ›Solche Leute haben wir noch nicht im Zoll gehabt. Andere in dieser Lage verzweifeln und haben Angst – und Sie bleiben immer fröhlich und ruhig!‹ ›Ja, wissen Sie, wir haben all diese Bibeln doch nicht zu unserem Vergnügen mitgeschleppt, sondern um Gottes Willen, für Menschen, die hier keine bekommen. Wenn Gott es zulässt, dass sie uns weggenommen werden, ist das seine Sache und wir brauchen nicht traurig zu sein‹. ›Nun‹, sagte er, ›wenn Sie wiederkommen, dann nehmen Sie zwei oder drei mit, das würden wir Ihnen durchlassen.‹ ›Nein, wenn wir wiederkommen und Sie sehen uns beim Zoll, dann drehen Sie sich um und lassen uns durch.‹ Er lachte und wir schieden als gute Freunde.

Übrigens hatte ich vorher gebeten, uns doch die Bibeln zurückzugeben. Nein, hieß es, die seien alle verbrannt. Was, rief ich entsetzt, verbrannt? ›Nein, nein, sie sind aber alle weg.‹ Da wurde mir klar, dass die Bibeln unter der Hand verkauft werden. Die Menschen sind bereit, 100 Rubel für eine Bibel zu zahlen. Und wir trösteten uns damit, dass die Bibeln zu Menschen gekommen sein könnten, die wir gar nicht erreicht hätten.«

# Wie ein Vogel auf dem Ast

Aus zwei Geburtstagsbriefen an einen der Söhne vom Februar 1985 und 1986.

»Wenn man mich fragt, wie es mir geht, sage ich meistens, sehr gut. Wenn man das wegrechnet, was einem nicht gefällt, bleibt nur das Gute noch, an dem man sich freut. Ich glaube, das ist eine ganz gute Lebenshaltung. Und Gott will ja auch frohe Kinder haben. Ich denke jeden Morgen: Worauf kann ich mich heute freuen? Irgendetwas ist schon immer da, wenn auch manchmal nur kleine Dinge, wie z.B. eben eine Hyazinthe, die ich im Glase gezogen habe und die nun voll aufgeblüht das ganze Zimmer mit ihrem Duft erfüllt. Und zwischen den Fenstern stehen sechs Alpenveilchen von meinem Geburtstag und blühen rot und rosa.«

»Und rückblickend war immer Gottes Hand da, die uns führte und der wir uns anvertrauen durften. Und da die Wurzeln nun mal aus der alten Heimat gerissen waren, und wir – wie Vögel auf einem Ast – jeden Moment wieder woanders hingeweht werden konnten, war es nur gut, dass wir unsere Wurzeln in Gott hatten und nicht vom Winde verweht wurden.«

# Unbekümmert trotz Beschattung

Wie eine amtliche Bestätigung für die anfangs zitierte Beobachtung meiner Mutter, sie habe sich in keinem der von ihr erlebten Staatssysteme heimisch gefühlt, müssen die 500 Aktenblätter gelten, die ich nach der Wende aus reiner Neugier in der Berliner Gauckbehörde suchte und vorfand. Ich ahnte ja, dass meine Eltern in den DDR-Jahren observiert worden waren.

In den Stasi-Unterlagen über das Ehepaar Pfarrer Walter und Margarete von Holst befanden sich vier abgegriffene Schnellhefter mit Vorlaufakten, IM-Informationen, Sachstandsberichten, Ermittlungsprotokollen, Suchaufträgen, Verbindungsdiagrammen, Plänen zur Durchführung einer operativen Maßnahme, Aktenvermerken zum Operativ-Vorgang sowie Beobachtungsaufträgen und -berichten, ferner Briefabschriften, eine anonyme Denunziation, geheime Fotoaufnahmen sowie Zoll-Postlisten. Die bisher gefundenen Unterlagen aus mehreren Stasi-Bezirksverwaltungen erstrecken sich über einen Zeitraum von neunzehn Jahren.

Soweit Margarete von Holst von den Beobachtungen etwas ahnen konnte, ließen diese sie unbekümmert. Trotz der bereits 1918 erfolgten vorübergehenden Sibirien-Deportation von Walter von Holst als Student, Zusammenstößen mit der Gestapo als Pfarrer im Warthegau 1943 oder des Ausweichenmüssens der ganzen Familie nach Westberlin aus der Sowjetischen Besatzungszone wegen der erneuten Deportationsgefahr im Jahre 1947 und mehreren unabhängig voneinander erfolgten Inhaftierungen jedes Ehepartners durch DDR-Behörden haben sie sich niemals in ihrem Tätigkeitsradius einschränken, geschweige denn in ihrer selbstlosen Arbeit für andere Menschen beirren lassen. Im Gegenteil, beide bestanden darauf, dass ihr Arbeitsfeld im Osten liege und dass sie keinerlei Absicht hegten, die DDR gegen Westdeutschland einzutauschen. Schon gar nicht nach der Emeritierung meines Vaters im Jahre 1956. Margarete von Holst begann ihre ins Baltikum und auf russlanddeutsche Christen gerichtete Bibelbeschaffung erst eigentlich richtig nach dem Tode ihres Mannes im Jahre 1969, als sie bereits 66 Jahre alt war.

Angesichts der Dokumentenflut in der Gauckbehörde im ehemaligen Ministerium für Staatssicherheit war ich sehr erleichtert, dass es keine Denunziationen aus dem Kreis von Freunden, Bekannten oder der Familie gegeben hat. Alle Akten ergaben sich aus Aufträgen und Beobachtungen durch Fremde während der jahrzehntelangen Gemeinde- und Vortragstätigkeit des Ehepaares in allen Teilen der DDR, ihrer Kontaktaufnahme mit baltendeutschen Schicksalsgenossen oder ihrer Bibel- und Literaturverbreitung in der UdSSR und der missionarischen Arbeit für das Reich Gottes im In- und Ausland.

So entsteht aus den folgenden Zitaten der Eindruck, dass der gewaltige personelle und organisatorische Aufwand dieses Staates aus der Befürchtung entstanden sein muss, seine Staatsbürger könnten die Staatsidee nicht mögen und womöglich anderen Überzeugungen größere Loyalität entgegenbringen, eine Vorstellung, die jedem Ideologen den Angstschweiß auf die Stirn treiben muss. Zum Erstaunen des Lesers beweist wieder einmal das Leben einfacher

Christen, dass der Geist weht, wo er will, womöglich sogar bis in ein Ministerium für Staatssicherheit.

## Stasi-Zitate

»... wurde festgestellt, dass die H. für eine operative Bearbeitung zwecks Kontaktaufnahme nicht geeignet ist.«

31.10.1957, MfS Berlin, Abt.V/4, Dohmeyer U.Ltn.

»In den ersten Jahren haben Funktionäre unserer Partei wiederholt versucht, mit Pfarrer von Holst in ein Gespräch zu kommen, was aber nie gelang, weil er grundsätzlich jede Diskussion über – wie er sagt – weltliche Dinge ablehnt, da er nur seine Kirche kennt und für sie lebt ... Frau von Holst ... hält auch Bibelstunden ab. Sie soll eine sehr nette, natürliche Art haben und geistig sehr rege sein.«

26.10.1962, MfS Berlin, HA VIII, Schwerdtfeger, Hauptmann

Beim fürsorglichen Besuch einer Deutsch-Baltin in Zwickau wurde Margarete von Holst an der Tür etwas misstrauisch abgewiesen. Die besuchte Frau Sch. – der Name erscheint unabgekürzt in den Akten – meldete den Vorgang ihrer Behörde und erhielt nunmehr von der Staatssicherheit den Auftrag, zwecks Kontaktaufnahme zur Erforschung des Umfeldes dieser Besucherin einen ›Entschuldigungsbrief‹ für ihr Verhalten zu schreiben. Der verlogene Brief bildet den Ausgangspunkt eines umfänglichen Operativ-Vorganges. Die ahnungslose Antwort meiner Mutter ging zu den Akten:

»Abschrift. Empfängerin Frau Eva Sch., Zwickau ...
Absenderin: Margarete v.Holst.

›*Bln., 28.11.1962,* Meine liebe Frau Sch.! Haben Sie herzlichen Dank für Ihren lieben Brief. Bitte seien Sie ganz unbesorgt, ich habe es Ihnen nicht im Geringsten übel genommen, dass Sie mich damals im August nicht empfangen konnten. Ich bin selbst oft unterwegs und da weiß ich, wie das ist, wenn es im letzten Augenblick schellt ... Eine gesegnete Adventszeit wünscht Ihnen Ihre Margarete von Holst.‹

Die H. brachte in ihrem Brief zum Ausdruck, dass sie die Sch. wieder besuchen wird, sobald sie in die Gegend von Zwickau fährt.«

27.12.1962, Stasi-Objektdienststelle »W« Zwickau, Weller, Oberleutn.

»Die Verbindungsaufnahme der von Holst, Margarete mit unserer KP (Kontaktperson, d. Hrsg.) Sch., die aus dem Baltikum stammt und als Dolmetscherin im Objekt 101 der SDAG Wismut tätig ist, entspricht einer Verbindungsaufnahme, die auf der Linie der feindlichen Organisationen liegen könnte.«

28.12.1962, MfS Berlin, Gläser, Unterleutnant

» ... Folgende Maßnahme wird vorgeschlagen: Mit dem Ziel der Festigung des Kontaktes zwischen der Dolmetscherin Sch. u. der von Holst, ist auf der Grundlage der bisherigen Korrespondenz ein Besuch der Sch. bei der von Holst in Berlin durchzuführen ...«

4.2.63, MfS Zwickau, Meyer, Oltn.

»Über das Wohnhaus der Familie von Holst wird eine Lageskizze angefertigt und die Bauakten eingesehen, um die Vorbereitung für den Einsatz des Referates O zu schaffen.

Über die weiteren Hausbewohner sind Ermittlungen zu führen.« 9.3.1963, MfS Zwickau, Gläser, Unterleutnant

»G e h e i m. Am 1. Juni 1972 wurden bei einer Zollkontrolle der DDR-Bürger Holst, Margarete und ihrer Tochter im Flughafen Scheremetjewo 1892 Bücher und Broschüren religiösen und religiös-propagandistischen Inhalts beschlagnahmt ... Ihre Verhaltensweise in Tallinn (Reval, d.Hrsg.) zeigt, dass die H. ihre Tat nicht bereut und lediglich bedauert, dass sie mit diesen Schriften nicht ihre ›Glaubensbrüder erfreuen konnte‹ ... Seitens des Leiters der Visa-Abteilung wurde sie verwarnt, keine Missionstätigkeit in der UdSSR durchzuführen. Es ist bekannt, dass H. perfekt russisch spricht und schon mehrmals in der UdSSR war. Ihre Reisen in die UdSSR nutzt sie, um kirchliche Schriften zu verbreiten, Verbindungen zu Personen deutscher Nationalität, mit Baptisten, Spalter-Baptisten sowie Mitgliedern lutherischer Kirchen herzustellen. Sie ist fanatische Kirchenanhängerin.«

29.6.1972, Übersetzung aus dem Russischen.

»Die Bürgerin von Holst ist als Empfängerin von Organisationssendungen in den Unterlagen der Zollverwaltung registriert. Darunter befinden sich solche gefährlichen Organisationen wie: der Kirchendienst – Ost, Zentralverband politischer Ostflüchtlinge, Pommersche Landsmannschaft, Deutsches Rotes Kreuz und die Evangelische Kirche der BRD ... Es besteht der begründete Verdacht, dass unter dem Deckmantel der Kirche religiös gebundene DDR-Bürger zur Durchführung der politisch-ideologischen Diversion in die UdSSR missbraucht werden ...«

5.12.1975, MfS Berlin, Abt. Zollfahndung, Theeg, Zollkommissar

»Durch einen überprüften IM (Informellen Mitarbeiter, d. Hrsg.) wurde festgestellt, dass v. Holst, Margarete, Mitglied des illegalen ›Arbeitskreises russisch evangelischer Kirchen‹ ... am 17.10.1975 bei der Konferenz des ev. Jungmännerwerkes Thüringen ... mit dem Lichtbildvortrag ›Wer aber seinem Wort gehorcht – Ein Reisebericht über die Estnische SSR (Sozialistische Sowjet-Republik, d. Hrsg.)‹ mit verleumderischen Ausführungen über die Sowjetunion auftrat ... Dabei verwies sie darauf, dass die Christen hier froh sein könnten, in der DDR zu leben. Christen in der UdSSR hätten es mit ihrem Glauben bedeutend schwieriger. Und so brachte sie auch einige Beispiele ... In rührigen Worten schilderte sie, wie dort bewusste Christen ihren Mitgefangenen die seligmachende Botschaft weitergesagt haben, wie sie konspirativ tätig geworden sind und wie selbst das Wachpersonal zu Jesus gefunden habe ... Der Vortrag der von Holst hatte bei den Teilnehmern Erfolg ...«

22.4.1976, Stasi Bezirksverw. Suhl, Heinz, Oberstleutnant, Leiter d. Abt. XX

# Kümmelkuckel und Schmantbonbons

Wer diese lebhafte Frau in späteren Jahren kennen lernte, vergisst nicht ihre weißen Haare, die sie mit einem Knoten zusammensteckte und die hellen, strahlenden, blauen Augen in einem niemals schlechtgelaunten Gesicht. Manche Freunde, die dieses Büchlein in den Händen halten, werden sich an Begegnungen mit Margarete von Holst in den siebziger und achtziger Jahren erinnern. Ihre Reise- und Vortragstätigkeit in der DDR führte sie mit ungezählten Menschen zusammen. Noch in hohem Alter leitete sie den Frühsport bei Gemeindefreizeiten. Aber vor allem waren es ihre lebendigen Bibelarbeiten, die ihr am Herzen lagen und zu denen sie sich gerne und regelmäßig in Pfarrfrauengruppen und Mütterkreise einladen ließ. Auch dort hat sie von Wundern aus ihrem Leben erzählt.

Als unsere Mutter 60 geworden war, durfte sie endlich in den Westen reisen. Alljährlich freute sie sich auf ihre Besuche in Stuttgart und Königswinter. Dort musste sie die heranwachsenden Enkelkinder erleben, deren Entwicklung sie zu Hause mit Gebet und treuen Briefen begleitete. Es gab Sorgen in den Kinderhäusern. Und in einem der zahlreichen Briefe hatte sie geschrieben:

»Ich merke immer wieder, wie stark eine Mutter mit ihren Kindern verwachsen ist. Wenn eins nicht glücklich ist oder irgendwie versagt, dann ist es wie eine schmerzende Wunde. Wenn eins eine besondere Freude hat, dann steht die Freude gleich verdoppelt im Herzen der Mutter auf, so stark lebt man mit jedem Einzelnen mit.«

Bei Besuchen im Westen oder bei den drei Töchtern in Berlin, Naumburg und Serrahn in Mecklenburg, haben wir sie zu Vorträgen und Predigten in unseren Gemeindekreisen und Kirchen engagiert. Unvergessen sind dort die Vorträge mit ihren Dias von den lebhaft geschilderten Erlebnissen ihrer Reisen nach Estland und Russland.

Ihr besonderes Herzensanliegen war eine gemeinsame Reise durch Estland, die endlich im Jahr 1989, ein Jahr vor ihrem Tod und gerade 50 Jahre nach unserer Umsiedlung, zustande kam, wobei wir westlichen Brüder mit unseren Frauen über Helsinki, zwei östliche Schwestern mit Mutter über Moskau ausreisen mussten. Sie wollte den Kindern das Herkunftsland der Familie zeigen und uns vor allem mit ihren neuen Freunden dort bekannt machen, damit wir diese Verbindungen weiterführen sollten.

Unvergessene Eindrücke sind uns davon geblieben. Das alte Wohnhaus in Wesenberg hatte anstelle des schönen Eingangs mit Klopfringen in zwei Löwenmäulern nur noch Schalenbrettertüren. Im düsteren Korridor, der die gesamte Länge des Hauses durchschnitt, hingen Leitungen von der Decke. Aus zwei herrschaftlichen Wohnungen waren 16 einzeln vermietete Zimmer geworden. Unsere Mutter sprach eine Bewohnerin an, die gerade ihre Tür öffnete. Es war eine Russin. Gleich wurde ihr erzählt, warum wir sieben Fremde in dieses Haus gekommen waren. Dann bat Mutter uns, dieser Frau ein Lied zu singen, wie immer, wenn wir Geschwister – auch heute noch – zusammenkommen. In unserem Geburtshaus wieder vierstimmiger Gesang. Mehrere Türen öffneten sich.

Pastor Arder hatte diese Reise eingefädelt. Er führte uns nun zur Kirche unseres Vaters. Sie hatte bis zu unserer Umsiedlung 1939 gleichzeitig der deutschen und der estnischen lutherischen Gemeinde gedient. An der Kanzel entzifferten wir die deutschen Umschriften. Anneli, die zweitjüngste Schwester, unsere Kirchenmusikerin, bestieg die Orgelempore und intonierte eine Bach-Fuge. Der alte estnische Pastor zeigte uns die unveränderte Kirche. Jetzt erinnerte er sich, dass er als junger Vikar unseren Vater gekannt hatte. Aber mit Arpad Arder, dem Baptistenprediger, hatte dieser lutherische Pastor nie zusammenarbeiten wollen. Wieder war es unsere Mutter, die uns anregte, ihm auf seinen Altarstufen einen vierstimmigen Choral zu singen. Sichtlich bewegt segnete uns der gallenkranke Mann. Nun drückte er auch Pastor Arder die Hand der Versöhnung und meinte dazu: »Wir sind doch Brüder.« Ein kleines Wunder war geschehen.

Arpad Arder erzählte uns von seiner Zeit als Pastor in dieser Stadt. Von seiner ärmlichen estnischen Gemeinde hatte er auch erfahren, dass es in der Vorkriegszeit einen Deutschen gegeben hatte, der immer zu ihnen in die freikirchliche Gebetsstunde gekommen war, der ›adelige Herr‹ der deutschen Gemeinde Pastor von Holst. Da erinnerte ich mich, dass mein Vater uns manchmal von diesem schlichten ›Bethaus‹ erzählt hatte.

Meine Mutter war zwar keine Hausfrau im schwäbischen Sinne. Küche und Haushalt waren mit Dingen aus der Vorkriegszeit bestückt und sie genügten ihr. Aber ihre unzähligen Gäste, die sie in der kleinen Wohnung in der Karlshorster Cäsarstraße aufnahm, bekamen stets ihre berühmten Kümmelkuckel zu schmecken, eine liebevoll gebackene alte baltische Spezialität. Für die ›westlichen‹ Söhne, die wir diese Wohnung unserer internationalen Reise- und Berufstätigkeit und der notorischen Berliner Grenzkontrollen wegen selten genug besuchten, waren die zum Geburtstag zugesandten Bonbonschachteln mit ihrer selbstgemachten ›kalten Schnauze‹, einem herrlichen Schichtkuchen aus Keksen und Schokoladenguss und vor allem ihre geliebten ›Schmantbonbons‹, alljährlich ein fester Bestandteil des durch die Mauer getrennten Familienlebens.

Von klein auf habe ich gestaunt, wie diese nüchterne Frau, wie meine Mutter es war, keinen Tag ausließ, an dem sie sich nicht morgens in ihre abgegriffene Bibel vertiefte, und dass sie auf den Stationen ihres umhergeworfenen Lebens stets Menschen um sich sammelte, mit denen sie gemeinsam beten konnte, so wie sie es schon in frühen Jahren mit uns Kindern getan hatte. Und so wie sie an den Sorgen dieser Gemeindeglieder starken Anteil nahm, verschwieg sie wohl auch ihren eigenen Kummer nicht. Manche ihrer vielen Freunde in der DDR-Zeit mögen ihr Leben an der Geborgenheit orientiert haben, die von ihrem Verhältnis zu der ›Herrlichkeit‹ ausging, von der sie gerne sprach. Vielleicht kam ihre Heiterkeit und Unbekümmertheit aus dieser Lebenseinstellung, die sich schon durch Generationen ihrer Familiengeschichte weitervererbt haben muss. So war es fast selbstverständlich, dass Margarete von Holst in ihren letzten Lebenstagen, die sie im Hause ihres ältesten Sohnes Wolf-Dieter in Stuttgart zubrachte, im Angesicht des bevorstehenden Abschieds meinte: »Das Schönste kommt noch.«

## Kleine Zeitübersicht zu den Erlebnissen von Margarete von Holst

| | |
|---|---|
| Nov. 1902 | Margarete v. zur Mühlen in Reval geboren |
| 1914 | Deutschland erklärt England und Russland den Krieg |
| 1915 | Verbannung des Vaters Pastor v. zur Mühlen nach Sibirien unter Zar Nikolai II |
| 1917 | Abdankung des Zaren, Bolschewistische Revolution, Rückkehr der Eltern |
| 1918 | Verschleppung der deutschen Männer nach Sibirien durch Kommunisten, deutsche Truppen in Reval, Ausrufung der Republik Estland |
| 1925 | Eheschließung Margaretes mit Pastor Walter v. Holst, Wesenberg |
| 1926–37 | Sechs Kinder geboren |
| 1938 | Reise nach Deutschland mit jüngster Tochter Gretel |
| 1939 | Kriegsausbruch, Umsiedlung in den Warthegau |
| 1945 | Flucht nach Leipzig/Neuruppin |
| 1946 | Übernahme der Leitung des Pfarrfrauenbundes in der Ostzone |
| 1947 | Vorsorgliche Versetzung Pastor v. Holsts nach Westberlin |
| 1949 | Tod des Sohnes Hans-Jürgen in Flensburg |
| 1950 | Umzug in den Ostsektor nach Berlin-Karlshorst |
| 1961 | Mauerbau |
| 1969 | Tod von Pastor Walter v. Holst, erste Reise nach Estland |
| 1989 | Letzte Reise nach Estland mit den Kindern |
| Juli 1990 | gestorben in Stuttgart |